질문쟁이들

조선의 과학을
발전시킨

조선의 과학을 발전시킨
질문쟁이들

2017년 4월 12일 1판 1쇄 펴냄
2023년 7월 19일 1판 4쇄 발행

글	하루
그림	김문주

펴낸이	박인수
펴낸곳	주니어단디
주소	경기도 파주시 법흥리 유승앙브와즈 201.106
영업	장재혁

등록	제 406-2016-000041호(2016.3.21.)
전화	031-941-2480
팩스	031-905-9787
이메일	dandibook@hanmail.net
홈페이지	dandibook.com

ISBN	979-11-958144-5-9 74810
	979-11-958144-4-2 74810 (세트)

• 이 책은 저작권법에 따라 보호받는 저작물이므로 무단 전재와 복제를 금합니다.
• 이 책의 일부를 사용하려면 주니어단디의 서면동의를 받아야 합니다.
• 잘못된 책은 구입한 곳에서 바꾸어 드립니다.
• KC마크는 이 제품이 공통안전기준에 적합하였음을 의미합니다.

모델명 | 조선의 과학을 발전시킨 질문쟁이들 **제조년월** | 2018. 11. 01. **제조자명** | 주니어단디 **제조국명** | 대한민국
주소 | 경기도 파주시 법흥리 유승앙브와즈 201.106 **전화번호** | 031-941-2480 **사용연령** | 7세 이상

① 위인들의 직업은 뭘까?

질문 쟁이들

조선의 과학을 발전시킨

하루 지음·김문주 그림

주니어 단디

목차

1 어떻게 하면 아름다우면서도 편리한 건물을 지을 수 있을까?
건축에 질문을 던진 **박자청** 6

2 천문학은 사람들에게 어떤 이로움을 줄 수 있을까?
천문학에 질문을 던진 **장영실** 34

3 어떻게 하면 백성들이 굶지 않을까?
땅에 질문을 던진 **정초** 70

4 어떻게 하면 사람들이 좀 더 건강해질 수 있을까?
의학에 질문을 던진 **허준** 90

5 어떻게 하면 문제를 쉽게 풀 수 있을까?
수학에 질문을 던진 홍정하 118

6 어떤 원리로 움직이는 것일까?
원리에 질문을 던진 최천약 142

7 완벽하고, 보기 쉽고, 찾기 쉬운 지도는 어떤 지도일까?
지도에 질문을 던진 김정호 172

1 건축에 질문을 던진 **박자청**

1357
(공민왕 6) ● 출생

● 고려 궁에서 내시로 일함

1392 ● 조선 건국 | 입직군사로 궁문을 지킴

1395
(태조 4) ● 경복궁 완공

1405
(태종 5) ● 창덕궁 완공

1408 ● 공조판서로 제릉과 건원릉 공사 감독

1423
(세종 5) ● 사망

박자청 선생님의 질문

어떻게 하면 아름다우면서도 편리한 건물을 지을 수 있을까?

예술적인 재능과 창의력을 발휘해 건물을 설계하고, 설계에 따라 건물이 완성되는 과정을 감독하는 '건축가'로서의 직업정신을 배울 수 있습니다.

1 맡은 자리에서 최선을 다하다

"임금님이 계신 곳이 좀 더 크고 멋지면 좋을 텐데…."

경덕궁 문을 지키고 있던 병사가 혼잣말을 했습니다. 고려가 멸망하고 조선의 첫 왕이 된 태조는 자기가 살던 집을 개조해서 임시 궁으로 썼습니다. 집이었던 곳을 궁으로 쓰고 있으니 당연히 궁처럼 화려하지 않았지요.

"내게 궁궐 짓는 기술이 있다면 정말 멋진 궁궐을 지어 드릴 텐데…."

"이놈! 어서 문을 열어라!"

한참 머릿속으로 궁궐 모양을 생각하고 있던 사내 앞에 누군가 나타났습니다.

"네?"

어스름 달빛과 활활 타오르는 햇불이 사내의 얼굴을 비쳤습니다. 큰 소리를 내고 있는 사람은 아주 좋은 비단 관복을 입고 있었습니다. 지체 높은 양반이 분명해 보입니다. 하지만 궁을 지키는 사내도 만만치 않았습니다.

"나리, 송구하지만 오늘은 궐 안으로 들어가실 수 없습니다."

군복을 입고 궁문을 지키는 사내는 연신 머리를 조아렸습니다. 하지만 사내의 목소리는 박달나무처럼 단단했습니다.

"문을 열어 주었다는 것을 알면 형님도 분명 너를 칭찬할 것이다. 그만큼 중요한 일이란 말이다."

도무지 문을 열어 줄 것 같지 않자, 비단 관복을 입은 사내가 나긋나긋한 목소리로 달래듯 말했습니다.

비단 관복을 입은 사내는 태조의 동생인 의안대군 이화였습니다. 군복을 입고 궁궐 문을 지키는 병사가 이것을 모를 리 없습니다. 의안대군은 조선이 세워진 후, 궁궐 문이 닳도록 출입을 했던 사람이기 때문입니다.

"저는 오직 임금님의 명에 따라 궁문을 열고 또 닫습니다. 오늘 밤에는 아무런 명령도 받지 못했습니다. 그러니 열어 드릴 수 없습니다."

"어허, 무엄하도다! 내 날이 밝자마자 다시 와서 네놈 곤장을 치고 말겠다!"

분을 삭이지 못한 의안대군은 궁문을 지키는 사내 얼굴에 발길질을 하고 집으로 돌아갔습니다. 병사의 얼굴에는 붉은 상처가 남았습니다.

다음 날 일찍 궁을 찾은 의안대군이 다시 궁문을 지키는 병사에게 물었습니다.

"자, 이제 들어가도 되겠느냐?"

"예, 나리."

명부를 꼼꼼히 확인한 병사는 문을 열어 주었습니다.

의안대군은 씩씩거리며 태조 앞에 엎드려 어제 있었던 일을 전해 올렸습니다.

"어허, 그런 일이 있었단 말이냐."

"네, 전하 그런 괘씸한 놈은 다시는 궁에 발을 들여놓지 못하게 함이 옳다고 생각합니다. 임금님의 동생인 저를 무시하는데, 임금님이라고 높게 보겠습니까?"

"이제 그만 돌아가 보거라. 그리고 그 병사를 내 앞에 불러오너라."

병사는 태조 앞에 불려 왔습니다. 임금님 앞에 엎드리자 박달나무 같았던 병사의 기개는 어느새 사그라지고 말았습니다.

"네가 의안대군이 궁에 들어오는 것을 막았다고 들었다. 왜 그리하였느냐?"

태조의 크고 엄한 목소리에 병사는 지체 없이 입을 열었습니다.

"임금님의 명령이 없었기 때문에 그리하였습니다. 명이 없이는 임금님의 동생이라 해도 궁 안에 들여보내서는 안 된다 생각하였사옵니다."

병사는 고개를 더 깊숙이 숙였습니다. 어제 생긴 상처만큼 얼굴도 빨갛게 달아올랐습니다.

"허허, 잘했다. 너는 네가 해야 할 일을 아주 잘 알고 있구나. 나에겐 너 같은 사람이 필요하다."

"네?"

병사는 깜짝 놀라 임금님 앞에서 벌떡 일어날 뻔했습니다. 당연히 곤장을 맞을 줄 알았는데, 칭찬을 받았으니 말입니다.

"새롭게 세워진 조선이라는 나라는 아직 불안하다. 이 나라가 탄탄하게 자리 잡기 위해서 네가 나를 지켜 주었으면 좋겠구나. 앞으로 가까이에서 나를 지키도록 하여라."

새 나라 조선에는 일할 사람이 많이 필요했습니다. 그저 일만 하는 게 아니라, 목숨을 걸고 나라를 지킬 사람이 필요했지요. 궁문을 지키던 병사는 굳건히 자신의 일을 해 임금님의 신임을 얻게 되었고, 왕의 측근에서 호위하는 병사가 되었습니다. 태조의 신임을 얻게 된 이 사람이 바로 조선을 대표하는 건축가 박자청입니다.

그런데 병사였던 박자청은 어떻게 건축가가 된 것일까요?

2 아름다운 건축이란 무엇일까?

 땀이 관복을 흠뻑 적시는 한여름에도, 손가락이 떨어질 것만 같은 한겨울에도 박자청은 묵묵히 임금님을 지켰습니다.
 그런 박자청을 지켜보는 사람이 있었습니다. 고려 때부터 궁궐과 임금의 능을 만들던 건축가 김사행이었습니다.
 "자네, 건축에 관심 있나?"
 김사행이 대뜸 박자청에게 물었습니다.
 "예?"
 "자네는 쉬는 시간만 주어지면 건축물들을 하나하나 만져 보고 관찰하더군."
 "아… 사실 소인은 임금님이 계실 멋진 궁을 짓고 싶습니다. 제 주제에 불가능한 일이지만요."

"허허, 불가능하긴. 나와 한성●에 가서 궁궐을 지어 보지 않겠나?"

태조가 살고 있는 개경은 고려의 수도였습니다. 태조는 새 나라인 조선의 수도를 한성으로 정하고, 그곳에 근사한 궁을 지으라 명했습니다. 조선의 궁을 짓는 일을 담당한 사람이 바로 김사행이었습니다. 김사행 밑에서 궁을 짓는다는 건 박자청에게 꿈만 같은 일이었습니다.

임금님의 허락이 떨어지자 박자청은 김사행과 함께 한성으로 갔습니다.

한성에 간 박자청은 다 지어진 궁의 모습을 상상하며 차가운 돌과 나무에 따듯한 생명을 불어넣었습니다.

태조가 즉위하고 4년째 되는 해에 궁이 완성되었습니다. 태조는 이 궁에 경복궁이라는 이름을 붙였습니다.

"하아, 드디어 조선의 궁이 지어졌구나!"

웅장하면서도 반듯하게 지어진 경복궁을 보며 박자청의 눈에서 뜨거운 눈물이 흘렀습니다.

'미천한 신분이었던 내가 벼슬을 하게 되고, 조선의 궁을 짓는 일에 참여하게 되었다니. 흐흐흑.'

박자청의 머릿속에 지난 일들이 스쳐 지나갔습니다.

한성 조선의 수도로 지금의 서울을 말해요.

박자청은 작은 시골 마을에서 태어났습니다. 어려서부터 건축에 관심이 많았지만, 가난해서 기술을 배울 처지가 되지 못했습니다. 결국 열세 살에 집을 떠나 고려 궁의 환관●으로 들어가야 했습니다. 하지만 박자청은 실망하지 않았습니다. 뛰어난 건축을 가까이에서 보고, 만질 수 있었기 때문입니다.

"우아, 궁은 내가 살던 집과 천지 차이구나. 저 대들보는 아주 좋은 소나무로 만들었네? 기와는 저렇게 쌓는 것이로구나."

궁에 들어온 박자청은 맡은 일을 다 하고 나면 궁을 돌아다니며 건축물들을 구경했습니다. 위쪽과 아래쪽의 넓이를 줄여 매끄러운 곡선을 만든 배흘림기둥과 사람인人자 모양을 한 맞배지붕의 선은 너무나 아름다웠습니다.

박자청은 궁궐 구경도 열심히 했지만, 맡은 일을 잘 해내는 사람으로도 유명했습니다. 맡겨진 일이라면 어떤 일이든 최선을 다해서 해냈지요. 이 모습을 좋게 본 고려의 황희석 장군이 박자청을 자신의 사병으로 삼아 데리고 다니기 시작했습니다. 황희석 장군은 이성계 장군을 따르던 사람이었습니다.

환관 내시를 부르는 다른 말이에요. 고려 후기의 환관은 천민 출신이 많았고, 궁에서 각종 잡역을 담당했어요.

박자청이 황희석 장군 밑에서 일을 한 지 얼마 되지 않아, 요동 정벌●의 명을 받고 떠났던 이성계 장군은 말을 돌이켜 다시 고려의 궁으로 돌아왔습니다. 고려 왕조를 무너뜨리고 조선이라는 새로운 나라를 세우기 위해서였습니다. 결국 고려 왕을 폐위시킨 이성계 장군은 조선의 첫 번째 왕인 태조 임금이 되었습니다. 그 아래에서 병사로 있었던 박자청은 조선이라는 새 나라의 병사로 궁문 지키는 일을 하게 되었습니다. 그러다 태조의 눈에 들었고, 경복궁 짓는 일까지 참여하게 된 것입니다.

"수고했네. 앞으로도 조선을 위해 힘써 주게."
태조가 박자청을 칭찬했습니다.
"아름다운 조선을 만들겠습니다. 전하."
박자청은 그 후로 궁을 수리하는 일을 맡았습니다.
조선 시대에는 풍수지리●와 예에 맞게 궁궐을 지어야 했으므로 많은 공부가 필요했습니다. 박자청은 밤새 책을 뒤져, 예법에 맞으면서도 아름다운 궁의 모습을 고민했습니다.

요동 정벌 명나라의 힘이 세지면서 철령 북쪽의 고려 땅을 달라고 하자 우왕(고려의 왕)은 요동을 정벌하라는 명령을 내렸어요.
풍수지리 땅의 성격에 맞게 도읍지나 집, 묘 자리를 정하는 것을 말해요.

'아름다운 건축이란 무얼까?'

　모두가 박자청이 지은 건축물을 칭찬했지만, 박자청은 아름다운 궁을 만들기 위한 고민을 멈추지 않았습니다.
　그러던 어느 날, 박자청에게 큰 임무가 맡겨졌습니다. 태조와 정종에 이어 임금이 된, 태종 임금이 명령한 일이었습니다.
　"내가 거처할 궁을 만들어 주게나. 박자청 자네의 실력만 믿겠네!"
　"예, 전하 최선을 다해 만들겠습니다."
　태종은 새 궁에 대한 기대가 컸습니다. 조선의 첫 번째 임금인 태조가 한성을 수도로 정하고 경복궁을 세웠지만, 태종은 그곳에서 왕자의 난을 일으켜 동생들을 죽이고 왕이 되었습니다. 태종은 찝찝한 경복궁보다 새롭게 세워질 궁에서 살며 왕조를 이어가고 싶었습니다.
　박자청은 곧바로 조선의 아름다움을 살린 궁을 만들기 시작했습니다. 하지만 궁을 새로 짓는 것은 쉬운 일이 아니었습니다. 왕과 신하들이 공식적인 업무를 처리하는 곳인 외전과 왕과 왕족들의 개인적인 공간인 내전, 외국에서 사신들이 오면 연회를 베풀 곳과 쉴 곳까지 만들어야 했지요. 박자청은 넓은 땅을 밟고 또 밟으며 고민했습니다.

'어떻게 지어야 조선을 가장 잘 나타낼 수 있을까?'

박자청은 끊임없이 고민하며 궁을 지었습니다.

이듬해 박자청의 고민과 땀방울이 들어간 조선의 이궁이 지어졌습니다. 궁에는 창덕궁이라는 이름이 붙었습니다. 창덕궁이 지어지길 손꼽아 기다리던 태종 임금은 서둘러 궁으로 들어섰습니다. 태종 임금은 궁을 휘 둘러보았습니다. 그런데 환하던 태종의 얼굴이 조금씩 굳어지기 시작했습니다.

"당장 이 궁을 만든 박자청을 가두어라!"

호랑이보다 더 무서운 임금님의 불호령이 떨어지고 말았습니다.

3 자연스럽고 조화로운 건축을 하다

 이제 막 공사를 마치고 쉬고 있던 박자청은 꼼짝없이 옥에 끌려갔습니다.
 "조선은 성리학˚의 근본 위에 세워진 나라이다. 그런데 인정전 앞마당을 반듯하게 짓지 않다니. 유교 예법에 맞지 않는다. 예조차 모르는 무지렁이에게 조선의 궁을 맡기다니. 내 박자청을 믿었건만…."
 태종 임금의 눈에 실망의 빛이 가시질 않았습니다.
 궁궐은 왕조의 권위와 위엄을 드러내는 곳입니다. 그래서 반듯하고 질서 있게 지어야 했습니다. 조선의 정궁˚인 경복궁도 유교 예법에 따라 반

성리학 고려 말에 들어온 학문으로 우주의 질서와 인간의 마음에 대해 깊이 연구하는 학문이에요.
정궁 임금이 주로 생활하는 궁을 말해요.

듯하게 지어졌습니다. 하지만 박자청이 지은 창덕궁은 반듯함과는 거리가 멀었습니다.

특히나 인정전●은 창덕궁을 상징하는 곳이었습니다. 그런 인정전이 사다리꼴로 지어졌으니 태종 임금이 화가 난 것은 이상한 일이 아니었습니다.

"전하, 드릴 말씀이 있사옵나이다."

박자청과 함께 공사를 담당했던 한 관리가 입을 열었습니다.

> **인정전** 정전은 왕이 주로 정무를 행하는 곳으로 궁의 중심이에요. 인정전은 인자한 정치를 펼친다는 뜻이에요.

"박자청은 이곳에 잘 어우러진 궁을 짓기 위해 한참을 고심했사옵니다. 창덕궁의 인정전은 종묘를 훼손시키지 않으면서 만들려고 한 것입니다. 헤아려 주시옵소서."

종묘는 조선 임금의 조상들을 모신 곳입니다. 태조가 한성을 도읍지로 정하고 가장 먼저 만든 곳이기도 하지요. 창덕궁은 종묘 바로 옆에 있습니다. 종묘를 건드리지 않으면서, 자연스럽게 궁을 만들려다 보니 인정전 마당이 사다리꼴이 된 것입니다. 신하의 말을 들은 태종 임금님은 창덕궁을 다시 찬찬히 살피며 돌아보았습니다.

"하하, 하하."

창덕궁을 돌아본 태종의 얼굴에는 연신 웃음이 새어 나왔습니다.

"박자청은 자연과 어우러진 궁을 생각해 냈구나. 하하. 창덕궁은 건물과 정원은 물론이고, 작은 돌과 나무 한 그루까지도 자연과 조화를 이루고 있는 궁이로다. 북한산과 매봉산으로 이어진 산줄기 또한 창덕궁과 연결되어 있구나. 다른 궁과는 다르게 각각 지형에 따라 문도 다르게 내고, 다 다른 모양으로 지어졌지만 이 안에서 또 조화가 이루어졌도다. 박자청은 정말 대단한 건축가로구나. 내 불같은 성미 때문에 좋은 건축가를 옥에 가두고 말았군. 당장 박자청을 풀어 주도록 하라."

태종 임금은 자연과 조화를 이룬 창덕궁의 모습에 감탄을 금치 못했습니다. 그 후로 태종은 박자청을 더욱 신임하게 되었지요. 그리고 창덕궁은 후에 조선 왕들이 가장 사랑하는 궁이 되었습니다. 자연스럽고 아름다운 궁을 왕들도 좋아했던 것이지요.

세 명의 임금님에게 사랑을 받은 박자청은 벼슬이 점점 높아졌습니다. 특히나 박자청을 신뢰했던 태종은 박자청의 벼슬을 많이 높여 주었습니다. 하지만 벼슬이 높아지는 만큼 시기하는 사람들 또한 점점 늘어갔습니다. 미천한 출신이었던 박자청이 왕의 신임을 얻는 것이 마음에 들지 않았던 것입니다.

박자청을 미워하던 신하들은 결국 임금님에게 상소문을 올렸습니다.

박자청은 성격이 괴팍하고 은혜와 덕이 적으며 남을 시기하고 이기는 것을 좋아하는 사람입니다. 게다가 다른 특이한 재능도 없고, 오직 건축만 할 줄 알 뿐입니다. 그런 박자청이 벼슬에 눈이 멀어 이제는 사람들을 무시하고 있습니다.

그러자 태종 임금은 신하들을 불러 놓고 말했습니다.

"박자청은 배우지는 못하였으나 부지런하고 곧은 사람이다. 궁을 짓고 한성을 설계하는 일은 모두 내 명령에 따라 일을 감독한 것이다. 어찌 박자청이 자신의 벼슬을 위해 일을 한다는 것이냐. 경들은 다시는 말하지 말라."

태종 임금은 끝까지 박자청을 믿어 주었습니다.

4 가장 아름다운 건물

 그 뒤로도 태종 임금은 박자청에게 여러 공사를 맡겼습니다. 박자청은 조선 시대 최고의 교육기관인 성균관에 문묘를 지었습니다. 문묘는 공자를 모신 사당을 말합니다. 조선은 유교를 중요하게 생각했기 때문에, 유교의 창시자인 공자를 모신 사당은 아주 중요한 건축물이었습니다.

 이듬해에는 태조의 능인 건원릉과 신의왕후의 능인 제릉을 만들었습니다.

 두 능을 웅장하게 만든 박자청은 공조판서가 되었습니다. 건축가로서 최고의 자리에 올라간 것이지요.

 1412년 태종은 박자청에게 또 다시 중요한 공사를 맡겼습니다. 경복궁에 누각*을 짓는 공사였습니다.

 태종은 경복궁에 있는 작은 연못을 넓히고, 그 위에 누각을 지어 외국에서 사신들이 왔을 때 맞이하는 장소로 사용하려고 했습니다. 그렇기 때문에 누각은 아름다운 조선을 잘 나타내야 했지요.

박자청은 몇 개월 동안 밥도 제대로 먹지 못하고 아름다운 연못을 만들기 위해 고민했습니다. 그런데 설계를 하며 또 다른 고민이 생겼습니다.

'사람의 힘으로 연못을 만들면 고인 물이 썩어 버릴 수 있다. 그렇다고 물이 빠져나갈 구멍을 크게 만들면 물이 차 있지 못하고 빈 연못이 되고 말 텐데. 어떻게 하면 좋을까?'

8개월 동안 연구한 끝에 박자청은 땅을 파기 시작했습니다. 물이 썩지 않고, 언제나 맑은 물이 차 있게 하려면 오차 없이 만들어야 했지요.

연못의 크기가 컸기 때문에 땅을 파는 작업은 몇 날 며칠 계속 되었습니다. 연못을 만들기 위해 파낸 흙은 쌓이고 또 쌓였습니다.

'연못을 파낸 흙도 쓸모 있지 않을까?'

박자청은 집채만큼 쌓인 흙을 보며 조용히 생각에 잠겼습니다. 한참을

누각 사방을 바라볼 수 있도록 문과 벽이 없이 다락처럼 높이 지은 집을 말해요.

  생각하던 박자청은 임금님을 찾아갔습니다.
  "전하, 파낸 흙은 교태전 뒤뜰에 쌓아 언덕을 만들면 어떻사옵니까. 아름다운 언덕이 될 것 같습니다."
  자연과의 조화를 중요하게 생각한 박자청은 파낸 흙도 아무 곳에나 버리지 않고 쓸모를 생각해 낸 것입니다.

"허허, 그렇게 하게나. 내가 자네 덕에 왕비에게 좋은 선물을 주게 생겼네."

태종은 궁의 흙조차 귀하게 생각하는 박자청의 마음을 읽고 허락해 주었습니다.

박자청은 쌓인 흙을 왕비의 집인 교태전 뒤뜰에 쌓고 계단식으로 돌을 놓아 아름다운 후원을 만들었습니다.

구중궁궐에 왕비만의 아름다운 뜰이 생긴 것입니다. 왕비는 기뻐하며 이곳에 아미산이라는 이름을 붙였습니다.

박자청은 흙을 다 파낸 자리에 물이 흘러들도록 했습니다. 북악산에서 흘러 들어온 물이 연못 전체를 돌아 나갈 수 있도록 물이 들어오는 곳의 땅은 약간 높게 팠고, 물이 나가는 곳의 땅은 약간 낮게 만들었습니다.

급하게 물이 흐르면 물에 비친 누각이 아름답지 않기 때문에 천천히 물이 돌도록 기울기를 조절했지요. 덕분에 연못에는 언제나 맑은 물이 잔잔하게 흘렀습니다.

연못 위에 세운 누각의 아름다움도 놓치지 않았습니다. 박자청은 누각에 용을 새겼습니다. 조선 건축물의 아름다움을 뽐내듯 마흔여덟 마리의 용들이 당당한 자태로 세워졌지요.

누각 밖에서 보면 연못에 비친 누각이 한 폭의 그림처럼 어른거렸습니다. 누각 안에서 연못을 바라보면 연못에 하늘이 비치며 둥둥 떠 있는 기분이 들었습니다.

내 생전에 이렇게 아름다운 곳은 처음 보네. 이곳의 이름은 무엇이라 하면 좋겠는가?"

 태종 임금은 아름다운 누각의 이름을 여러 개 짓고는 정승인 하륜에게 이름을 고르라고 시켰습니다. 하륜이 '경회'라는 이름을 택해 누각의 이름은 경회루가 되었습니다.

5 마지막 건축

 태종은 박자청에게 또 다른 명을 내렸습니다.

 "한성을 더 번화하고 활기찬 수도로 만들고 싶네. 더 많은 물자와 사람이 오가도록 한성을 정비해 주게."

 조선의 세 번째 임금이었던 태종 때까지도 한성은 정비가 되지 않은 상태였습니다. 정종은 송도에서 생활했기 때문에 한성은 수도로써의 인상도 약했습니다.

 '어떻게 해야 사람과 물자가 모이는 수도로 만들 수 있을까?'

 고민을 하던 박자청이 무릎을 쳤습니다.

 '사람들이 올 수 있도록 커다란 시장을 만들어야겠다. 물자가 모이면 사람들이 모이기 시작할 거야. 큰길과 작은 길을 내고, 수로도 내야겠군. 그러면 교통이 편리해져 사람들이 오고가기 편할 거야. 사람과 자연이 잘 어우러진 조선의 수도가 되었으면 좋겠다.'

박자청은 설계한 대로 한성을 바꿔 가기 시작했습니다. 공사가 계속되는 동안 태종에서 세종으로 임금이 또 한 번 바뀌었습니다. 박자청은 벌써 네 번째 왕을 모시게 된 것입니다.

어느새 박자청의 머리에는 하얀 눈이 내렸고, 거친 공사들로 손에 굳은살이 잔뜩 박였습니다. 그래도 박자청은 쉬지 않았습니다. 임금님의 명령대로 종로거리에 3,000개의 가게가 들어올 수 있도록 시장을 만들었고, 도로를 넓혔습니다. 또 구불구불하던 청계천을 넓히고 곳곳에 돌다리를 놓았습니다. 비가 와서 물이 불어도 끄떡없도록 단단하게 만들었지요.

한성이 정비되자 사람이 구름처럼 몰려들었습니다. 태종의 바람대로 한성은 조선의 중심도시가 되었습니다.

기쁜 일과 함께 슬픈 소식도 박자청의 귀에 들어왔습니다. 태종이 세상을 떠나고 만 것입니다. 세종과 대군, 왕비, 공주, 신하 들은 관을 벗고 머리를 풀었습니다. 하고 있던 노리개도 모두 빼고 흰 삼베옷을 입었지요. 태종과 박자청이 만들기 시작했던 한성의 시장도 열리지 않았습니다.

"아, 임금님…."

박자청은 큰 슬픔에 빠졌습니다. 태종은 박자청에게 참 고마운 분이었습니다. 여러 모함에도 박자청을 끝까지 믿어 주었고, 나라의 큰일들을 맡겨 주었습니다. 미천한 신분이었던 박자청의 실력만을 믿고, 높은 벼슬을 주기도 했습니다. 박자청의 주름을 따라 눈물이 계속 흘러내렸습니다.

"대감, 아버지의 능을 만들어 주시오."

세종은 노인이 된 박자청에게 태종의 능 만드는 일을 맡겼습니다.

"네, 전하. 제가 마지막까지 임금님을 모시게 해 주셔서 감사합니다."

박자청은 산릉도감의 제조로 다시 임명되었습니다.

'임금님의 능을 가장 웅장하고 권위 있게 만들어야지. 어떻게 하면 좋을까?'

박자청은 머리가 하얀 노인이 되었어도 생각을 멈추지 않았습니다. 그리고 가장 아름다운 능을 만들기 위해 설계를 하고 공사를 시작했습니다.

박자청은 원경왕후의 능과 태종의 능을 12칸의 난간석을 둘러 서로 연결했습니다. 봉분의 아랫부분은 병풍석으로 감쌌고, 능 앞의 석물은 망주석, 혼유석, 장명등, 석호, 석양, 문인석, 무인석, 석마를 쭉 둘러세웠습니다. 조선의 강인함과 강직했던 태종을 나타내기라도 하듯 조각들은 힘있게 만들어졌습니다.

가장 멋진 능을 만들어 드리고 싶은 마음에 박자청은 잠도 제대로 자지 못하고 밥도 제대로 먹지 못했습니다. 무인석을 세울 때는 바짝 마른 손이 덜덜 떨렸습니다.

'아, 임금님. 임금님 주무실 곳을 만들고 저도 따라갑니다.'

임금님이 살기 위한 궁을 만들었던 박자청은 임금님이 주무실 능을 다 만들고는 눈을 감았습니다.

박자청이 죽었다는 소식을 들은 세종은 큰 슬픔에 빠져 삼일 동안 조회를 중지시켰습니다. 그러고는 손수 지은 글을 내리고 박자청에게 익위공이라는 시호를 붙여 주었습니다. '익위공'은 위엄 있고 행동이 민첩했다는 뜻입니다.

박자청은 조화롭고 아름다운 건축물을 만든다는 소신을 잃지 않고 조선의 수많은 궁과 누각을 세웠습니다. 지금의 서울인 한성을 가장 먼저 꾸민 사람이기도 하지요. 사람을 위한 건축물을 세우고, 서울을 만들었던 박자청의 노력 덕분에 우리는 아직도 멋스럽게 세워진 서울을 만날 수 있습니다.

태종의 능 앞에 세워진 석물들

질문 있어요!

Q 조선 시대 건축가는 또 누가 있어요?
A 화성을 만든 다산 정약용

수원 화성 동북노대

화성은 정조 임금 때 만들어졌어요. 정조 임금은 실학자인 정약용에게 화성의 건축을 맡겼어요. 정약용이 지은 화성은 다른 성과 달리 특별한 점이 많아요. 임진왜란과 병자호란을 겪으면서 군사 방어 시설이 부족하다고 느낀 정약용은 화성 안에 48개의 군사 시설물을 만들었어요. 이건 다른 성의 성벽에서는 볼 수 없는 것이에요.

또 당시에는 나무와 돌을 이용해서 성을 지었는데, 이렇게 성을 지으면 시간이 오래 걸리고 공사하기에도 힘들었어요. 백성들의 수고를 덜어 주기 위해 정약용은 벽돌 만드는 법을 배워, 벽돌을 이용해 화성을 지었지요. 덕분에 3년 만에 화성을 지을 수 있었어요. 규모가 큰 공사였는데도 불구하고 아주 빠르게 지은 것이지요.

공사 기간을 줄인 데에는 여러 건축 기기들을 발명한 것도 한몫했어요. 정약용이 만든 기기 중 가장 유명한 것은 '거중기'예요. 거중기는 도르래의 원리를 이용해서 무거운 물건을 쉽게 들어 올리는 기계예요. 거중기 말고도 화성을 짓기 위해 새로 만들어 낸 기기가 열 종류도 넘었다고 해요. 화성은 당시의 과학이 총동원된 결과물이랍니다.

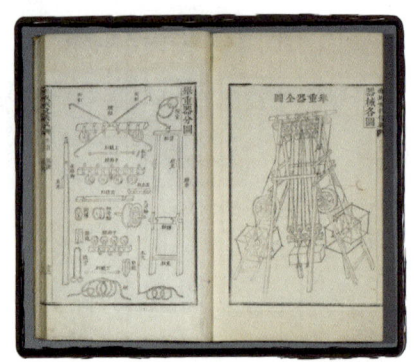

화성성역의궤(수원 화성의 건축 보고서)

Q 건축을 연구하는 직업에는 무엇이 있어요?

A 과거

조선 시대 건축은 공조에서 관리했어요. 공조에는 판서, 참판, 참의라는 양반 책임자들이 있었어요. 그 밑에는 또 정랑, 좌랑이라는 실무를 담당하는 관리들이 있었지요.

임금님이 명령을 내리면 관리가 설계를 하고, 그 외의 기술자들이 건축을 맡아 했어요. 건축을 하는 기술자에는 석장, 목장, 와장이 있었어요. 석장은 돌을 다듬는 사람, 목장은 나무를 다듬는 사람, 와장은 기와를 굽는 기술자를 말해요.

지금과 마찬가지로 건물을 짓기 위해서는 여러 사람들의 노력과 협동이 필요했지요.

A 현재-건축가

현재의 건축가도 과거와 다르지 않아요. 건물을 설계하고 짓는 일을 하지요. 건축가들은 정해져 있는 공간 안에 아름답고 실용적인 건축물을 만들기 위해 노력해요.

현대에는 건축의 중요성이 더욱 커졌어요. 건축물을 보려고 사람들이 몰리면서 지역 전체가 관광지가 된 경우도 있지요.

멋진 건축물을 만들어 낸 건축가에게는 상을 주기도 해요. 건축가에게 주는 상 중 가장 유명한 상은 1979년에 프리츠커(Jay A. Pritzker)와 신디 프리츠커(Cindy Pritzker) 부부가 만든 '프리츠커 건축상'이에요. 건축에 공헌을 한 사람에게 매해 수여하는 상이지요. 이 상은 '건축계의 노벨상'이라 불리기도 해요.

프리츠커(Jay A. Pritzker)와 신디 프리츠커(Cindy Pritzker) 부부

2 천문학에 질문을 던진 장영실

?	동래현 관기의 아들로 태어남
?	관청의 노비가 됨
	궁으로 들어감
1418	세종대왕 즉위
1421	세종대왕에게 재주를 인정받고 중국으로 가서 공부함
1423	노비의 신분을 벗고 상의원 별좌에 오름
1432	이천과 천문관측기구인 간의대를 만듦
1433	간의를 발전시켜 혼천의를 만듦, 명나라로 유학
1434	이천과 함께 구리활자인 갑인자를 만듦, 김빈과 함께 물시계인 자격루를 만듦, 해시계인 앙부일구를 만듦
1436	납활자인 병진자를 만듦
1437	천문관측기구인 대간의, 소간의, 현주일구, 천평일구, 정남일구를 만듦
1438	시간과 계절을 알 수 있는 옥루를 만듦
1440	비가 내린 높이를 재는 수표를 만듦 그 공을 인정받아 상호군에 오름
1442	세계 최초로 강수량을 측정하는 측우기를 만듦, 통일된 규격을 만듦, 세종의 가마를 허술히 만들었다는 이유로 귀양을 감
?	사망

장영실 선생님의 질문

천문학은 사람들에게 어떤 이로움을 줄 수 있을까?

하늘에 질문했던 장영실 선생님을 통해 호기심을 갖고 끝까지 연구하는 '천문학자'로서의 직업정신을 배워요!

1 별을 닮은 아이

 분주하게 벼를 베던 손들도 집으로 돌아가고, 남아 있는 벼들 사이로 찬바람만 쌩쌩 바쁘게 움직입니다.
 "날이 추워지니 별들도 다 숨어 버렸네."
 가을 하늘을 하염없이 바라보던 소년은 아예 바닥에 등을 대고 누웠습니다. 등이 차갑지도 않은지, 연신 눈을 깜빡이며 하늘에서 반짝이는 모양들을 찾기 시작했습니다.
 "저건 사각형, 저긴 물고기네? 별은 자꾸자꾸 움직이는구나. 별들아, 너희는 어디에 갔다 다시 돌아오는 거니? 나도 저 멀리 하늘에 가 볼 수 있으면 좋으련만."
 바람이 차갑게 귓가를 식히는 언덕에서는 별들의 목소리까지 들을 수 있을 것만 같습니다.

'별은 어떻게 움직이는 걸까?'

소년은 별을 보며 생각에 잠겼습니다.
그때 마을에서 어머니 목소리가 들렸습니다.
"영실아! 감기 걸릴라 얼른 들어와라!"
올 가을은 풍년이라더니 저녁을 든든하게 먹은 어머니의 목소리가 유난히 컸습니다.
"네, 갈게요!"
영실은 엉덩이를 툭툭 털고는 마을로 내려갔습니다. 집 앞에 들어서자 크고 든든했던 목소리와는 달리 어머니의 표정은 어두웠습니다.
"어머니, 죄송해요. 별을 보느라 늦었어요."
"그래, 잠깐 방에 들어오너라. 할 이야기가 있다."
영실은 어머니의 걸음을 따라 방으로 들어갔습니다. 호롱불을 밝힌 어머니는 한참 말이 없습니다.
어머니가 마음에 가득 채운 숨을 비워내고는 입을 열었습니다.
"영실아, 네 나이가 이제 열 살이구나. 잘 알다시피 이 어미는 평생 종으로 살아야 하는 팔자란다. 내가 너를 낳았으니 너도 종이 될 수밖에…."

어린 영실도 다 아는 이야기였습니다.

영실의 어머니는 관기였습니다. 관기는 관아에 속한 종으로 양반집이나 관아에서 잔치를 열면 불려가 술시중을 드는 사람을 말합니다. 영실의 아버지는 원나라 사람으로 천민이 아니었지만, 조선 시대에는 어머니의 신분을 따라 종의 자식은 종이 되어야만 했습니다. 특히 관기는 천민 중에서도 가장 낮은 신분이어서 영실은 친구들 사이에서 놀림감이 되곤 했습니다. 영실은 늘 놀리고 무시하는 친구들 사이에서 벗어나 별들을 친구로 삼았습니다.

어머니의 무거운 목소리에 영실은 다시 까만 하늘을 총총 밝혀 주는 별들이 보고 싶어졌습니다.

"이제 너도 관아에 속해 있는 관노가 되어야 한다. 내일부터 이 어미를 떠나 관아에 살며 일을 해야겠구나."

영실은 하늘이 무너지는 것 같았습니다. 유일하게 자기 옆을 지켜 주던 어머니와 떨어져 살아야 하는 게 믿기지 않았습니다. 하지만 어머니에게는 씩씩하게 대답했습니다.

"어머니, 걱정 마세요! 저도 이제 열 살이나 되었잖아요!"

영실은 방으로 돌아와 짐을 쌌습니다. 짐을 다 싸고는 불을 들고, 어머니가 쓰는 방이며 부엌을 둘러보았습니다. 눈물이 뚝뚝 떨어질 것 같으면 밖으로 나와 하늘의 별을 올려다보았습니다.

"영실아 아침 먹어라."

닭이 채 울기도 전에 어머니가 영실을 깨웠습니다. 밥상을 받은 영실은 깜짝 놀랐습니다. 고기반찬에 하얀 쌀밥까지 지금껏 보지 못했던 귀한 음식들이 소담스레 담겨 있었습니다. 영실의 방에 들어온 어머니도 깜짝 놀랐습니다. 영실이 주걱부터 가마솥까지 고장 났거나 쓰기 불편했던 물건들을 모두 고쳐 놓았기 때문입니다.

서로의 마음을 잘 아는 어머니와 영실은 눈물과 밥알을 함께 삼켰습니다. 어머니와 마지막 식사를 한 영실은 무거운 발걸음을 움직여 집을 나왔습니다.

2 임금님이 저를 부른다고요?

아침 일찍 관아에 온 영실의 귀에 날카로운 소리들이 박혔습니다.

"이보게 자네가 잘못한 것 아닌가!"

"아니, 자네가 나를 밀어서 그런 것이 아닌가!"

관아의 관리들이 부서진 문갑 손잡이를 들고, 서로 잘못했다며 싸우고 있었습니다.

"저어…."

"자네는 누군가?"

"저는 오늘부터 이곳에서 일하게 된 노비 장영실입니다. 제가 그 문갑을 고쳐 드릴까요?"

"어허, 아직 어린 네가 어떻게 이 문갑을 고친단 말이냐!"

"어른들을 놀리는 것이렷다!"

관리들의 목소리가 아까보다 더 날카로워졌습니다. 한 관리는 화풀이라도 하듯 주먹을 쥐고 영실을 노려보았지요.

"아, 아닙니다. 이렇게 좋은 문갑은 처음 봅니다만, 그저 손잡이가 빠진 것뿐이니 쇠를 두드려 이음새를 붙이면 될 것입니다."

"그래? 그럼 네가 한번 고쳐 보아라!"

문갑 부서뜨린 것을 사또에게 걸릴까 무서웠던 관리들은 얼른 영실에게 손잡이를 내밀었습니다. 혹시 영실이 고치지 못하더라도 "저 아이가 고장 냈습니다!"라고 말할 생각이었습니다.

영실은 창고에 가서 작은 쇠망치와 쇳조각을 가지고 나와 이음새를 만들더니 다시 문갑에 놓고 망치질을 했습니다.

"다 되었습니다."

문갑은 아무 일 없었다는 듯, 처음과 같은 모양으로 돌아왔습니다.

"허허, 우리가 자네를 오해했구먼, 고맙네."

관리들은 머쓱해하며 영실에게 고마움을 전했습니다. 그 뒤로 관아 사람들은 물건을 고칠 일이 있거나 새로 만들어야 할 때면 늘 장영실을 불렀습니다. '장영실이라는 자는 못 고치는 것이 없다.'는 소문이 뻗어나가자 관아뿐 아니라 마을의 고장 난 물건들도 장영실의 앞에 수북이 쌓이기 시작했습니다. 영실은 고장 난 물건들을 찬찬히 살펴보고는 물건을 고치고, 원래 있던 물건보다 더 쉽게 사용할 수 있도록 만들어 주었습니다.

관아 앞에는 언제나 영실을 칭찬하는 목소리로 넘실거렸습니다.

"아니 솥뚜껑 꼭지가 빠져 찾아갔더니, 금세 다 고치고는 뚜껑을 바닥에 편하게 놓을 수 있도록 받침까지 만들어 주었지 뭐야."

"아유, 그 재주야 두 말하면 입이 아프지. 가뭄이 들었을 때도 저 멀리 있는 하천의 물까지 끌어와서 논에 물을 주었는데."

사람들은 영실이 못 만드는 게 없는, 신의 재주를 부리는 사람이라고까지 말했습니다.

마을 사또도 영실을 매우 아꼈습니다. 사또는 천민인 영실에게 글을 가르쳤습니다. 영실의 재주로는 더 큰일을 할 수 있을 것 같았기 때문입니다.

사또는 다른 마을에 갈 일이 있거나, 한성에 갈 때면 늘 장영실 자랑을 하곤 했습니다.

"우리 마을에 장영실이라는 관노는 세상에 못 고치는 물건이 없고, 손재주는 귀신이 깜짝 놀랄 정도라오!"

장영실의 이야기를 들은 사람들은 모두 영실이 어떤 사람인지 궁금해 했습니다. 그러던 어느 날 사또는 한성에서 내려온 한 통의 서찰을 받았습니다.

장영실이라는 자를 한성으로 올려 보내라.

당시에 조선 왕이었던 태종은 유능한 기술자들을 궁으로 불러 모았는데, 그것을 안 사또가 장영실을 추천한 것입니다. 사또는 너무 기뻐 한달음에 관아 창고로 달려갔습니다.

"사또 어르신, 창고에는 어인 일이십니까?"

영실이 손을 허리춤에 스윽 닦으며 일어났습니다.

"영실아! 임금님이 널 찾으신다! 네 기술이 아까워 내가 너를 천거•했는데, 네 소문을 들은 사람들이 너를 뽑아 주었나 보구나. 어서 한성에 가 보아라."

"네? 임금님이 저를 부르신다고요?"

어리둥절해하는 영실의 어깨를 흔들며 사또가 말을 이었습니다.

"한성에 올라가면 조선을 발전시킬 물건들을 잘 만들어 보거라. 네 실력이라면 어디서든 인정받을 수 있을 게다."

"감사합니다! 감사합니다!"

영실은 몇 번이고 사또를 향해 고개를 숙였습니다.

그날 밤에도 장영실은 하늘에 말을 걸었습니다.

"한성에서 보는 별도 지금 보이는 별과 같을까? 이제 한성에 가게 되었으니 어쩌면 너희들에 대해 배워 볼 수도 있겠구나."

장영실은 두근거리는 마음을 별들과 함께 나누었습니다.

천거 벼슬 자리에 추천하는 것을 말해요. 조선 시대에는 과거 시험과 천거를 통해 벼슬을 할 수 있었어요.

3 하늘을 연구하는 게 도움이 될까?

 장영실은 관아에서와 마찬가지로 궁의 여러 물건들을 고치며 시간 가는 줄 모르고 보냈습니다. 물론 궁에서도 매일 하늘을 올려다보며 별들에게 말을 걸었습니다. 별에 관심을 갖던 장영실은 비, 태양 등 하늘에서 일어나는 모든 일들에 관심이 생겼습니다.

 '편리한 물건을 만들면 사람들에게 이로움을 줄 수 있다.
 과연 하늘을 연구하는 것도 사람들에게 도움이 될 수 있을까?'

 영실은 답을 찾기 위해 궁에 있는 책을 읽기 시작했습니다. 책을 읽을수록 하늘의 일에 더욱 관심이 생겨났습니다.
 하루는 마른땅에 나뭇가지를 꽂아 놓고, 시간이 지나면 그림자가 어떻게 생기는지를 가만히 살펴보기도 했습니다. 신기하게도 나뭇가지의 그림자는 한낮이 되자 가장 짧아졌다가 해가 질 때쯤 다시 길어졌습니다.

"태양이 움직이고 있구나!"

영실은 책에서 보았던 일이 실제로 일어나자 신기했습니다. 실제로 관찰을 해 보니 태양과 조금 더 친해진 것도 같았습니다.

그런데 영실이 관찰하고 있을 때 나뭇가지와 길게 뻗은 서까래의 그림자 말고, 움직이지 않는 사람의 그림자도 하나 있었습니다. 영실의 실험을 지켜보고 있던 태종의 셋째 아들, 충녕대군이었습니다.

충녕대군은 영실을 불렀습니다.

"자네의 기술이 뛰어나다 들었네. 아바마마께서 자네를 특별히 아낀다는 이야기도 들었지. 자네는 고장 난 기기가 있으면 그 기기를 고쳐 더 좋은 기기로 만들어 놓는다더군. 그저 손재주가 좋은 사람은 많네. 하지만 더 좋은 물건을 만들려고 연구하는 사람은 적지."

충녕대군의 칭찬에 장영실은 몸 둘 바를 몰랐습니다. 충녕대군은 말을 이었습니다.

"또한 나는 자네처럼 태양의 위치에 관심을 갖는 기술자는 본 적이 없네. 그런 것은 양반의 것이라 생각해 버리고 마는 사람들이 대부분이지. 나도 자네처럼 하늘에 관심이 많네. 하늘을 연구하는 것에도 말이야. 자네는 왜 하늘을 연구하는가?"

진지하고 엄숙한 물음에 장영실은 또박또박 자신의 생각을 말했습니다.

"과찬의 말씀이십니다. 하늘을 읽을 줄 알면 언제 장마가 오는지, 언제 태양이 뜨고 지는지, 언제 추수하면 좋을지를 알 수 있게 된다고 책에서

보았습니다. 그래서 하늘을 공부하고 있습니다."

"허허, 자네는 나와 같은 생각을 하고 있군. 조선의 근본은 백성일세. 백성들은 땅을 부려 농사를 짓고 밥을 먹으니 하늘의 일을 아는 것이 가장 중요하지. 하지만 우리가 아는 하늘이라고는 중국에서 들어온 책을 통하는 것이 전부이네. 자네가 하늘을 연구해 주게. 하늘을 연구해서 우리 백성에게 도움이 되는 기기들을 만들어 주게나."

영실은 충녕대군이 조선이라는 나라와 백성들을 얼마나 사랑하는지, 그 마음을 알 것 같았습니다. 또한 자신의 답이 틀리지 않았다는 것을 깨달았습니다.

그 뒤로 영실은 하늘에 관한 중국 책들을 읽어 나갔습니다. 책 속에는 하늘을 연구하는 기구들이 잔뜩 그려져 있었습니다.

'아아, 이 기구들을 실제로 볼 수 있다면 얼마나 좋을까.'

장영실은 고개를 절레절레 흔들었습니다. 노비의 신분이었던 자기가 궁에서 책들을 마음껏 읽을 수 있는 것만 해도 감사한 일이라 생각했기 때문입니다.

시간이 흘러 충녕대군은 태종의 셋째 아들이었음에도 불구하고 조선의 왕이 되었습니다. 영실은 조선 백성을 사랑하는 충녕대군이 임금님이 되어 참 잘됐다고 생각했습니다.

충녕대군은 바로 조선의 네 번째 왕인 세종대왕입니다.

세종은 왕이 된 지 얼마 되지 않아 장영실을 다시 불렀습니다. 세종의 앞에는 장영실뿐 아니라 윤사웅과 최천구를 비롯한 학자들이 모여 있었습니다.

세종이 명을 내렸습니다.

"자네들이 명나라에 가서 천문기기들을 보고 와야겠소!"

세종은 당시 천문학이 발전한 명나라•에 가서 천문시설들을 배워 올 사신을 뽑은 것입니다.

명나라 세종 때 중국을 다스리던 나라예요.

4 직접 보고 배우다

　장영실이 명나라에 가는 사신으로 뽑힌 것은 의외였습니다. 윤사웅이나 최천구는 천문관을 관리하는 직책에 있었지만, 장영실은 신분도 낮고 천문학에 대한 지식수준 또한 잘 알 수 없었기 때문입니다. 의아해하는 두 관리를 향해 세종이 입을 떼었습니다.

　"영실은 비록 신분이 천하나 재주가 뛰어나고 머리가 좋다. 그것을 따를 자는 아무도 없다. 두 천문관 관리들은 명나라의 천문학기기들을 연구하고, 영실은 그것을 조선에 와서 만들 수 있도록 보고 익혀 오거라."

　임금님의 명을 받은 장영실과 윤사웅, 최천구는 명나라로 급히 떠났습니다.

　명나라에 도착한 세 사람은 천문학 기기들을 보았습니다. 명나라의 천문대인 흠천각에는 책에서도 보지 못했던 다양한 기기들이 있었습니다.

영실은 특히 혼천의와 간의를 유심히 보았습니다. 별의 움직임을 관찰하는 혼천의와 간의는 책으로 보던 것보다 훨씬 정교했습니다.

'이곳에 있는 천문학 기기들을 똑똑히 보고, 조선에 돌아가서 만들어야겠어!'

세종의 은혜에 보답하고 싶었던 장영실은 하루도 빠지지 않고, 천문대에 올랐습니다.

"어허, 자네 조선 사람 아닌가? 조선 사람에게 명나라의 천문학을 알려 줄 수는 없지! 썩 꺼지지 못해!"

관리들이 천문대 앞을 막고 있을 때는 쫓겨나기 십상이었습니다. 세 사람은 명나라 관리인 척 위장하기도 하고, 명나라 사람들 사이에 섞여 몰래 올라가 보기도 했습니다. 그렇게 조금씩 눈으로 간의와 혼천의를 익혔습니다.

한 해가 지나자 장영실은 이제 눈을 감고도 머릿속에서 혼천의와 간의를 그릴 수 있게 되었습니다. 장영실이 그린 혼천의와 간의 그림을 놓고 세 학자는 매일 밤마다 모여 회의를 했습니다.

"이제 되었소! 얼른 조선에 가서 만들어보고 싶구려."

마침내 간의와 혼천의의 설계도가 그려지자 세 사람은 다시 조선으로 돌아왔습니다.

"무사히 돌아와 주어 고맙다. 몸만 돌아온 것이 아니라 명나라의 기술을 배워 왔다고? 고생했네."

세종은 세 사람을 칭찬해 주었습니다. 윤사웅은 세 사람이 함께 만든 간의와 혼천의 설계도를 세종 앞에 내밀었습니다.

"하하하, 자네들이 큰일을 했군. 장영실 자네가 이 설계도대로 혼천의와 간의를 만들어 보게나."

세종은 장영실에게 혼천의와 간의 만드는 것을 맡겼습니다. 그러고는 장영실을 정5품 상의원 별좌로 임명했습니다. 상의원은 임금님이 입는 옷이나 궁중의 물건들을 관리하는 일을 맡아 하는 직책이었습니다. 하지만 세종은 영실을 천문학 연구에 몰두하도록 배려해 주었습니다.

세종의 마음과는 달리 다른 신하들의 반발은 거셌습니다. 노비에게 벼슬을 주는 것은 파격적인 일이었기 때문입니다. 하지만 세종의 뜻은 변함이 없었습니다.

"다른 것은 신경 쓰지 말고, 조선 천문학 발전을 위해 애써 주게."

세종은 장영실에게 힘을 실어 주었습니다.

5 하늘을 읽는 기기들을 만들다

천문기기들을 만드는 것은 생각보다 오래 걸렸습니다. 찬바람이 불어 손가락을 꽁꽁 얼릴 때도, 땀방울이 눈동자를 찌를 때도 장영실은 간의 만드는 일에 몰두했습니다.

'명나라의 간의도 대단하지만 너무 크고, 수치가 잘 맞지 않아. 좀 더 작고 정확한 간의를 만들기 위해서는 어떻게 해야 할까?'

장영실은 먼저 나무로 간의를 만들어 실험을 해 본 다음 다시 구리로 간의를 만들었습니다. 장영실은 완벽한 간의를 만들기 위해 몇 번이고 다시 만들었고, 세종은 장영실을 기다려 주었습니다.

간의는 오늘날의 각도기와 비슷한 역할을 하는 것으로 천문학을 연구하기 위해 꼭 필요한 기구였습니다.

"마마, 드디어 간의가 만들어졌습니다."

무릎을 꿇은 장영실의 눈에서 눈물이 뚝뚝 떨어졌습니다. 고향 언덕에서 하늘을 보며 꿈꾸었던 일이 드디어 이루어진 것입니다.

세종은 용포를 휘날리며 간의가 놓인 곳으로 달려왔습니다.

"허허, 과연 장영실이로구나. 드디어 조선의 하늘을 관측할 수 있는 기구가 만들어졌어. 명나라의 간의보다 더 잘 만들었구나. 허허."

세종은 장영실의 간의를 보고 감탄했습니다. 세종의 말대로 장영실의 간의는 명나라의 것보다 더 쉽게 천체를 관측할 수 있었고, 더 정확했습니다.

세종은 장영실이라면 명나라의 천문학기기를 그저 베끼지 않을 것이라 믿고 있었고, 장영실은 세종의 기대대로 명나라의 것보다 더 좋은 기기를 만들어낸 것입니다.

"장영실이 만든 간의를 경회루 북쪽에 설치하고, 매일 관찰하여 보고하도록 하라!"

세종은 즉시 간의를 이용하도록 했습니다. 천문학자들은 간의로 매일 하늘을 보았고, 조선이 위도● 38도쯤 있다는 것도 확인할 수 있었습니다.

간의가 설치된 뒤로 장영실도 매일 간의에 가서 별들을 보았습니다.

어느 날 장영실이 별을 보고 돌아오는 길에 간의로 향하던 관리들의 목소리가 들렸습니다.

"아휴, 별들을 계속 연구하고 싶지만 간의가 있는 곳까지 가야 하니 그것도 일이네."

"에끼! 간의 덕분에 알게 된 것이 많은데 무슨 아쉬운 말을 하는가."

숨어서 관리들의 말을 듣던 장영실은 생각에 잠겼습니다.

'간의에도 불편한 점이 있구나. 간의를 더 편하게 볼 수 있는 방법은 뭘까?'

장영실은 사람들이 편리하게 간의를 볼 수 있는 방법을 고민하기 시작했습니다.

"그래! 간의를 작게 만들자!"

위도 위도는 적도를 기준으로 북쪽 또는 남쪽으로 떨어져 있는 정도를 말해요.

간의

　장영실은 다시 설계를 시작했습니다. 커다란 간의를 만드는 것보다 더 숨 막히는 작업이었습니다. 한참을 노력한 끝에 손바닥만 한 간의가 만들어졌습니다. 이제 사람들은 별을 연구하고 싶을 때마다 어디에서나 간의를 꺼내 하늘을 보았습니다.
　장영실의 도전은 여기에서 끝나지 않았습니다. 장영실은 간의보다 더 복잡한 혼천의를 만들기 시작했습니다.
　몇 개의 원이 겹쳐져 있는 모양의 혼천의는 간의처럼 천체의 위치를 관측할 수 있을 뿐아니라 천체의 움직임과 시간 또한 알 수 있는 기기였습

천문학에 질문을 던진 장영실 **57**

니다.

"또 틀렸군. 다시 만들어야겠어."

장영실은 혼천의도 간의와 마찬가지로 먼저 나무로 만들었습니다. 조금의 오차라도 있으면 시간과 별의 움직임이 다르게 관측되므로 정확하게 만들기 위해 몇 번이고 다시 만들어야 했습니다. 함께 일하던 이천과 김빈도 밤을 새우기 일쑤였습니다.

마침내 천문 시계인 혼천의가 만들어졌습니다. 장영실은 나무로 만들어진 혼천의를 다시 구리로 만들었습니다. 비가 오고 바람이 불어도 끄떡없도록 단단하게 만들었지요. 세 사람은 다 만들어진 혼천의를 세종에게 보였습니다.

"드디어 조선만의 역법을 갖게 되었군. 이제 해와 달, 계절까지 알려 주는 기기가 만들어졌으니 백성들이 농사짓는 데 큰 도움이 될 것이야. 허허."

세종은 크게 웃으며 혼천의를 만든 관리들에게 상을 내렸습니다.

그 뒤에도 장영실은 다양한 질문을 던졌습니다.

그중 한 가지는 '시간'이었습니다.

어느 날 장영실은 시전 느티나무 아래에서 오시에 만나기로 동무와 약속했습니다. 당시 사람들은 시간을 열 두 동물을 나타내는 12간지로 나누어 이야기했습니

혼천의

다. 현대의 시간 2시간이 조선 시대에는 한 동물에 해당했지요. 그런데 만나기로 한 동무는 오시를 지나 미시가 되어도 오지 않았습니다.

'어허 이 친구가 약속을 잊었나 보군.'

한참을 기다리다 장영실은 집으로 돌아갔습니다. 다음 날, 동무가 장영실에게 와 따지듯 물었습니다.

"아니! 자네 왜 오시에 나오지 않았는가!"

동무는 오시라 생각하고 느티나무 아래에 도착했지만, 사실 오시가 아니라 미시였습니다.

"오시에 만나자!"라고 약속해도 대충 해가 떠 있는 정도를 보고 약속 장소에 나갔기 때문에 한참을 기다리는 경우도 많았습니다.

'백성들에게 시간을 정확하게 알려 줄 수는 없을까?'

세종은 장영실의 고민을 알고 있었다는 듯, 장영실에게 정확한 시계를 만들라 명령했습니다.

"그래, 해가 길어지고 짧아지는 것을 이용해 보자!"

장영실은 나뭇가지를 땅에 꽂고 연구했던 것을 떠올렸습니다. 해 그림자가 시간마다 다르게 생겼던 것을 이용하기로 한 것이지요.

해 시계를 좀 더 잘 만들기 위해 장영실은 질문했습니다.

'백성들이 보기 쉬운 시계를 만들려면 어떻게 해야 할까?'
'해시계는 시간만 나타내야 할까?'

이번에도 끈질긴 연구 끝에 해시계인 '앙부일구'가 만들어졌습니다.

가마솥을 뒤집은 모양인 '앙부일구'에는 바닥에 가로, 세로 선을 그려 넣었고, 해 그림자에 따라 시간을 알 수 있었습니다. 시간을 알려 주는 부분에는 한자를 모르는 백성들이 쉽게 볼 수 있도록 이름 대신 시간을 나타내는 열두 동물을 그렸습니다. 앙부일구를 보면 시간뿐 아니라 절기•까지 알 수 있었습니다.

세종은 장영실이 만든 앙부일구를 서울 혜정교와 종묘 남쪽 거리에 설치했습니다. 혜정교와 종묘는 한성의 중심 도로가 있는 곳으로, 지나다니는 사람이 가장 많은 곳이었습니다. 세종은 앙부일구를 사람이 많은 곳에 설치해 백성들이 모두 볼 수 있게 한 것입니다. 덕분에 백성들은 정확한 시간을 알 수 있게 되었습니다. 해시계 앞에서 만나기로 약속을 정하는 사람들도 많았지요.

앙부일구

하지만 장영실은 또다시 질문을 던졌습니다.

절기 한 해를 스물 넷으로 나눈 것이에요. 절기에 따라 농사를 시작하고 추수를 할 수 있어요.

'앙부일구 덕분에 시간을 정확히 알 수 있지만 흐린 날에는 해가 없어 시간을 알 수 없다. 비가 오는 날에도 시간을 알릴 방법이 없을까?'

철썩, 철썩!
"으악!"
고민을 하고 있던 장영실 귀에 누군가 곤장 맞는 소리가 들려왔습니다. 가까이에서 보니 앙부일구를 관리하는 병사였습니다.
곤장을 다 맞은 관리는 엉덩이를 감싸 쥐고 장영실 옆을 지나갔습니다.
"무슨 일로 곤장을 맞았소? 혹시 앙부일구에 문제가 있었소?"
관리는 눈물을 훔치며 말했습니다.
"아뇨, 앙부일구를 보고 시간에 맞게 징을 치는 것이 제 일이오나, 제가 깜빡 잠이 드는 바람에 시간을 알리지 못했습니다. 오늘 아침에는 징을 울리지 않아 공주님도 제 시간에 일어나시지 못했다 들었습니다. 흐흑."
장영실은 앙부일구의 불편한 점을 또 찾아냈습니다.

'스스로 시간을 알려 주는 기기가 있다면 곤장 맞는 사람도 없겠구나. 그런 기기를 만들려면 무엇이 필요할까?'

장영실은 밥을 먹을 때도, 사람들을 만날 때도 자동으로 시간을 알려 주는 기기를 생각했습니다.

"그래! 그렇게 만들면 되겠구나!"

길을 걷던 장영실은 집으로 뛰어갔습니다.

장영실은 먼저 커다란 항아리에 작은 구멍을 뚫고, 물을 담았습니다. 그러고는 작은 구멍으로 물이 새어 나와 바로 밑에 있는 작은 항아리에 떨어지고, 작은 항아리가 다 차서 넘치면 옆에 있던 구슬을 움직이게 만들었습니다. 구슬은 설치한 세 개의 인형을 치고 인형들은 시간에 맞춰 종과 징, 북을 쳐서 시간을 알릴 수 있도록 만들었습니다.

이렇게 만들어진 것이 바로 자동 물시계, 자격루입니다.

자격루는 무려 십 년이나 연구한 끝에 만들어졌습니다. 항아리의 구멍이 너무 크거나 작으면 인형들이 시간을 제대로 알려 주지 못했기 때문에 구멍의 크기를 맞추는 데 시간이 오래 걸렸습니다.

자격루가 만들어지자 더 이상 곤장을 맞는 관리들도 없어졌습니다.

자격루

자격루를 만들고 4년 뒤에는 시간과 방위, 계절까지 한꺼번에 볼 수 있는 자동 물시계, 옥루까지 만들어냈습니다.

옥루를 만들 때는 어떤 질문을 했을까요?

'시간을 알리는 자격루와 천체를 관측하는 혼천의를 합해 보면 어떨까?'
'기기를 통해 임금님에게 백성들의 삶의 모습을 알려 드리면 어떨까?'
'임금님은 어떤 모양을 좋아하실까?'

장영실은 옥루를 임금님이 보는 시계로 만들려 했습니다. 그래서 임금님과 관련된 질문들을 했지요.

옥루는 시간을 알려 주는 자격루와 천체의 움직임을 관측하는 혼천의를 결합한 천문기구입니다. 자격루와 혼천의를 합치면 절기에 따른 태양의 위치를 정확히 알 수 있고, 그 절기에 농촌에서 해야 할 일을 알 수 있었습니다.

"허허, 참으로 아름답네."

옥루를 본 임금님은 먼저 옥루의 아름다움에 깜짝 놀랐습니다.

세종은 경복궁 침전 곁에 흠경각을 지어 그 안에 옥루를 설치하도록 했습니다.

장영실은 노비였던 자신을 믿고 하늘을 배울 수 있게 해 준 세종에게 가장 아름다운 시계를 만들어 드린 것입니다. 세종에게도 그런 장영실의 마음이 전해졌습니다.

5 백성들의 마음을 읽다

며칠 동안 쉬지 않고 비가 내렸습니다. 장마를 미처 준비하지 못한 농사꾼들은 농사가 다 망했다며 논에 주저앉아 하염없이 울었습니다. 하천이 범람해서 집이 물에 쓸려 둥둥 떠내려간 사람도 있었지요.

'비가 얼마나 올지 미리 알 수 있는 방법은 없을까?'

세종이 고민하고 있던 장영실을 불렀습니다.
"비가 많이 와서 집이 떠내려가 버린 백성들이 있다 들었네. 비가 언제 얼마나 내릴지 미리 알면 백성들에게 도움이 될 텐데. 아마 자네도 이런 고민을 하고 있겠지."
세종이 장영실의 마음을 읽은 것인지, 장영실이 세종의 마음을 읽은 것인지 둘은 같은 생각을 하고 있었습니다.

"오늘 아침에 세자가 나에게 좋은 생각을 말해 주었네."

"네? 세자 전하께서요?"

"그렇네. 비가 올 때 밖에 두었던 그릇에 물이 차는 것을 보고는 물을 담아 물의 양을 재어 기록해 두면 비가 얼마나 왔는지 앞으로 비가 얼마나 올지 알 수 있을 것이라 말하더군."

장영실은 세자의 발견에 무릎을 쳤습니다.

"그리하면 되겠군요. 세자 전하께서 정말 대단하십니다. 제가 어서 가서 기기를 만들겠습니다."

"똑똑한 아들과 훌륭한 신하를 두었으니 내가 부러울 게 없네."

세종의 인자한 미소에 꾸벅 절을 하고 나온 장영실은 다시 손을 바쁘게 움직였습니다.

장영실은 적당한 크기의 그릇을 만들기 위해 또 다시 실험을 했습니다. 커다랗고 입구가 넓적한 그릇은 물의 양을 재기에 불편했습니다. 너무 작은 그릇도 비가 많이 오면 넘쳐 버려 소용이 없었습니다. 결국 장영실은 입구가 좁은 원통 모양의 기기를 만들었습니다. 이 기기에는 측우기라는 이름이 붙었습니다.

세계 최초로 비의 양을 재는 기기가 만들어지는 순간이었습니다.

세종은 측우기를 전국으로 내려 보냈습니다. 그러고는

측우기

천문학에 질문을 던진 장영실

비가 올 때마다 그 양을 기록하게 했습니다. 그렇게 하자 언제 비가 많이 내리는지, 또 비가 언제 내리지 않는지를 알 수 있게 되었습니다. 가뭄과 홍수도 대비할 수 있게 되었지요.

장영실은 하천의 수위를 재는 수표도 만들었습니다. 수표에 눈금을 새겨서 하천이 얼마나 불었는지를 알 수 있도록 했지요. 수표 덕분에 하천이 범람하는 것을 막을 수 있었습니다.

수표

'하늘을 연구하는 것이 어떤 도움을 줄 수 있을까?'를 고민하던 소년은 간의, 혼천의, 측우기, 앙부일구, 수표, 규표, 풍기대 등을 만든 조선 최고의 과학자가 되었습니다.

모든 기기들은 백성들을 위해 만들어졌지요.

백성들이 살기 좋은 나라를 만들기 위해 끝없이 고민했던 세종대왕. 그

리고 그 옆에서 별처럼 반짝이는 기기들을 만들어낸 장영실. 백성들을 생각했던 두 사람의 마음이 아직도 우리 마음속에 반짝이고 있습니다.

질문 있어요!

Q 조선 시대 천문학자는 또 누가 있어요?

A 세종의 천문학 프로젝트를 함께한 이천, 이순지

조선의 천문학을 발전시키고 싶었던 세종대왕은 즉위하자마자 천문학 프로젝트를 시작했어요. 이 프로젝트에 참여했던 사람이 바로 이천, 이순지, 장영실이에요. 이 세 사람의 노력으로 불과 6년 만에 우리만의 역법과 천문기구를 갖게 되었지요. 세 사람의 하는 일은 조금씩 달랐는데, 이천은 천문기구 제작을 총괄 지휘한 감독자였어요. 이순지는 천문기구를 통해 천체를 관측한 뒤에 역법을 고쳤어요. 장영실은 천문기구를 제작하고 개발하는 일을 했지요. 이 세 사람이 없었다면 조선의 역법과 천문학은 한참 뒤처지지 않았을까요?

A "지구는 자전한다"라고 외친 홍대용

홍대용은 조선 시대 실학자예요. 좋은 집안에서 태어났지만 벼슬을 높이는 것보다 학문을 연구하는 것에 관심이 많았다고 해요. 홍대용은 1765년에 삼촌을 따라 중국 베이징에 갔어요. 중국에 들어온 서양문물들과 천문학 이론들을 보고 적잖이 충격을 받은 홍대용은 조선에 돌아와서 더욱 공부에 매진했어요. 역사, 풍속, 천문학 등에 관한 학식이 풍부했던 홍대

역법 천체의 주기적 운동을 살펴 시간의 단위 등을 만드는 법칙이에요.

용은 우리나라 최초로 지구가 자전한다는 '지전설●'을 주장하기도 했어요. 또한 거대한 우주에서 중국이 중심이 아니며, 지구는 아주 작은 티끌과 같다고 말하기도 했지요.

Q 천문학과 관련된 직업에는 무엇이 있어요?

A 천문학연구원

천문학연구원은 우주를 관측하고, 우주를 이루고 있는 천체들을 연구해요. 천체들이 생겨나고 사라지는 원리를 밝히기 위해서도 애쓰지요. 광학망원경, 전파망원경 등 다양한 기구를 사용해서 행성, 항성, 성운 및 은하계의 크기, 형태, 광도, 성분, 구조, 온도, 운동 등과 같은 특성을 측정해요.

A 우주에 다녀온 사람, 우주인

우주에서 머물 수 있도록 훈련을 받고 우주에 다녀온 사람을 우주인이라고 불러요. 우주인은 우주선을 타고 우주를 돌며 다양한 실험과 관찰을 하지요. 하지만 우주인을 교육시키고 우주로 보내는 데는 시간과 돈이 많이 들기 때문에 NASA에서는 인체의 구조와 유사한 우주탐사로봇을 만들고 있어요.

지전설 지구가 스스로 돈다는 학설을 말해요.

3 땅에 질문을 던진 정초

- **?** 출생
- **1405** (태종 5) 문과에 급제
- **1422** 예조 참판을 지냄
- **1423** 함길도 관찰사로 나감
- **1430** 공조 판서로서 왕명으로 《농사직설》 집필, 예문관 대제학으로 정인지와 함께 역법 개정
- **1433** 이천과 함께 혼천의 제작
- **1434** (세종 16년) 사망

정초 선생님의 질문

어떻게 하면 백성들이 굶지 않을까?

농사법을 연구했던 정초 선생님을 통해 모두가 굶지 않는 세상을 꿈꾸는 '농업과학자'로서의 직업정신을 배워요!

1 정초는 어디 있느냐?

"정초는 어디 있느냐?"

아침 경연*을 시작하려던 세종이 물었습니다. 경연에 온 관리들은 고개를 들어 멀뚱멀뚱 서로를 쳐다보았습니다.

"전하, 정초는 사간대부의 직책으로 사간은 경연에 들어오지 않는 것이 관례이옵니다."

한 대신이 세종에게 아뢰었습니다.

대신들은 세종이 이해하고 넘어갈 것이라 생각했습니다. 사간은 하는 일이 많아 이전 왕 때도 경연에 참석하지 않았기 때문입니다.

경연 임금과 신하들이 모여 학문과 기술을 토론하는 시간이었어요.

"어허, 무슨 말이냐. 정초가 없는 경연은 할 수 없다. 어서 정초를 불러오너라."

세종은 정초를 경연장으로 불러왔습니다. 정초가 경연장에 앉자, 세종은 그제야 미소를 지으며 논어를 읽으라 명했습니다.

경연은 조선 시대에 왕과 신하가 함께 공부하던 자리를 말합니다. 함께 공부한 뒤에 서로의 생각을 나누고, 열띤 토론을 하기도 했습니다.

세종 때에는 특히나 경연이 활발하게 이루어졌습니다. 함께 이야기하고 답을 찾아갔기 때문에 세종은 다양한 분야에 다양한 관점을 지닐 수 있었지요.

"정초 자네가 경연관을 맡아 주게. 내게는 자네와 생각을 나눌 시간이 꼭 필요하네."

"전하, 성은이 망극하옵나이다."

정초는 세종이 아직 세자인 충녕대군이었을 때 서연관을 맡았습니다. 서연관은 세자를 가르치는 일을 하는 관리였습니다. 충녕대군은 학식이 풍부한 정초와 함께 공부하며 그의 생각을 배우곤 했습니다.

태종이 충녕대군에게 왕위를 물려 주자, 정초는 임금이 된 세종과 함께 경연에 나갔습니다. 스승과 제자의 관계에서 함께 토론하며 답을 찾는 관계가 된 것이지요. 정초는 벼슬이 높아지며 경연에서 물러났지만 세종이 또다시 정초를 부른 것입니다.

"오늘 읽은 부분은 어떻게 생각하오?"
 세종이 정초의 생각을 물었습니다. 정초는 자신의 생각을 잘 정리해서 세종에게 아뢰었습니다.
 "허허, 역시 자네만큼 생각이 깊고 넓은 사람이 없구려."
 정초가 참석한 경연은 웃음꽃이 피어났습니다.

정초가 이렇게 학식이 풍부한 것은 늘 책을 가까이했기 때문입니다. 과거 시험을 준비할 때는 공부하던 모든 책을 다 외워 버리기도 했습니다. 어느 날, 과거를 준비하던 정초가 머리를 식히려고 잠깐 밖으로 나왔습니다. 저 멀리서 한 스님이 오두막에 앉아 책을 읽고 있는 것이 보였습니다.

"스님, 무엇을 읽고 계십니까?"

정초가 스님에게 다가가 물었습니다.

"≪금강경≫이라는 불교 경전을 외우고 있소."

"≪금강경≫이요?"

정초는 ≪금강경≫이라는 책이 궁금해 다시 스님에게 물었습니다.

"≪금강경≫은 아주 어려운 경전입니다. 뜻을 모르면 읽기도 어렵고, 외우기도 어렵지요."

스님은 귀찮아하며, 정초를 참새 쫓듯 쫓아 버리려고 했습니다.

"스님, 그러지 말고 제게 한번 보여 주시지요. 제가 금방 다 외워 보이겠습니다."

오기가 생긴 정초는 스님에게 간청했습니다. 스님은 말대꾸하기도 귀찮은지 정초에게 ≪금강경≫을 내밀었습니다.

정초는 ≪금강경≫을 집중해서 한 번 읽더니 북을 치며 금강경을 술술 외웠습니다. 스님은 정초의 기억력에 깜짝 놀랐습니다.

이렇게 기억력과 집중력이 좋았던 정초는 수많은 책을 읽고, 기억했기 때문에 경연에서 그의 학식에 모두 놀랄 수밖에 없었지요.

2 농민들에게 배우다

 논바닥이 쩍쩍 갈라지고, 물을 구하러 나왔던 산짐승들조차 바닥에 픽픽 쓰러져 버리는 여름이면 세종의 걱정은 끝이 없었습니다.
 "어허, 비가 내리지 않으니 올해 농사는 어떻게 하면 좋을꼬?"
 비가 많이 와서 하천이 넘치고, 흙과 풀이 물속에 뒤섞여 버리는 장마에도 세종은 걱정을 했습니다.
 "어허, 비가 너무 내렸으니 올해 농사는 어찌할꼬?"
 조선 시대에는 농사를 짓고 사는 농민들이 대부분이었기 때문에 세종은 항상 농사 걱정을 했습니다.
 어느 해는 날이 아주 좋아 농사가 잘 될 것 같다는 관리의 말이 들려왔습니다.
 "하하, 올해는 풍년이라고? 우리 농민들이 배불리 먹을 수 있겠구먼."

하지만 기뻐했던 것과는 달리 거둬들인 쌀의 양은 생각보다 많지 않았습니다.

"이보게, 날이 좋았건만 왜 이것뿐인가."

걱정이 가득한 세종이 정초에게 물었습니다. 정초라면 시원한 답을 내려 줄 것 같았습니다.

'왜 날이 좋았는데도 농사가 잘 되지 않았을까?'

고민하던 정초가 드디어 입을 열었습니다.

"그건 아마도 농민들이 농사짓는 법을 잘 몰라 그런 것 같사옵니다."

"백성들이 농사짓는 법을 모른다고?"

"예, 그러하옵니다. 제가 최근에 중국의 ≪농상집요≫ ≪사시찬요≫와 우리나라 ≪본국경험방≫을 읽었사온데, 이것에 쓰인 대로 농사를 지으면 수확량이 많아질 것입니다."

"그렇구먼. 그 책의 내용은 보나마나 자네 머릿속에 다 들어있겠군. 그럼 자네가 맡아 농법을 가르쳐 보도록 하게나."

정초는 농서들을 챙겨서 함길도로 떠났습니다.

함길도에 도착하자마자 농부들을 모아놓고 농사를 짓기 시작했습니다.

"자, 여기 이곳에 땅을 고르도록 하시오."

정초가 책에서 나오는 것과 비슷해 보이는 땅을 가리키며 말했습니다.

땅에 질문을 던진 정초

"이곳은 땅이 좋지 못한 것 같은데요?"

농사꾼 말복이가 어리둥절해하며 정초의 말대로 땅을 부드럽게 만들었습니다.

"자, 이제는 씨앗을 뿌리시오."

정초가 책에서 나온 시기에 씨앗을 뿌리라 명령했습니다.

"아직 씨앗을 뿌릴 때가 되지 않은 것 같은데요?"

농사꾼 칠득이가 고개를 갸우뚱하며 씨앗을 뿌렸습니다.

"자, 이제 잡초를 뽑을 때이니 잡초를 뽑으시오."

정초가 책을 보며 말했습니다.

"지금 잡초를 뽑으면 벼도 같이 뽑힐 것 같은데요?"

농사꾼 순덕이가 한숨을 쉬며 잡초를 뽑았습니다.

정초는 책으로만 보던 농사를 직접 지으며 농민들과 함께 1년을 보냈습니다.

'중국학자들이 연구한 대로 농사를 지었으니까 대풍년이 들겠지.'

정초는 어서 가서 세종께 아뢰고 싶었습니다.

그때, 함께 농사를 지었던 농사꾼들이 정초의 집 앞으로 뛰어왔습니다.

"어르신, 올해 농사는 망했습니다요. 어르신 말씀대로 농사를 지으면 벼를 두 배나 많이 거둘 수 있을 거라고 하셔 놓고는, 작년의 반도 못 거뒀어요. 엉엉."

농사꾼들은 땅을 치며 울었습니다. 일 년 동안 고생한 것은 헛수고가 되어 버렸습니다. 정초는 바닥에 주저앉았습니다.

'내가 틀렸다니, 아니 중국의 농학자들이 틀렸다니.'

정초는 믿을 수 없었습니다.

3 무엇이 잘못 되었을까?

정초는 다시 고민을 시작했습니다. 아무리 생각해도 틀린 것은 없었습니다.

'내가 책을 잘못 활용했나?'

정초는 한 해 더 농사를 지어 보았습니다. 하지만 결과는 다르지 않았습니다.

'무엇이 잘못 되었을까? 중국 학자들의 연구가 틀렸다면 중국 사람들도 그 책을 읽지 말아야 할 텐데.'

한참 고민하던 정초의 머릿속에 불현 듯 농사꾼들이 했던 말이 생각났습니다.

'이곳은 땅이 좋지 못한 것 같은데요?'

'아직 씨앗을 뿌릴 때가 되지 않은 것 같은데요?'
'지금 잡초를 뽑으면 벼도 같이 뽑힐 것 같은데요?'

'그렇구나! 농사꾼들의 말이 다 맞았어! 우리나라의 농법과 중국의 농법은 맞지 않는구나. 땅도, 날씨도 다르니 다른 농법으로 농사를 지어야 하는 거야.'

2년의 연구 끝에 정초는 중요한 사실을 깨달았습니다.

얼마 뒤 세종이 정초를 다시 불렀습니다. 정초는 한성으로 올라가며 함길도의 농부들에게 감사한 마음을 전했습니다. 꼭 좋은 농서를 만들어 오겠노라 약속했지요.

"자네가 다시 궁에 돌아오니 좋군. 그동안 속 시원하게 토론할 사람이 없어 답답했네. 허허."

세종은 한성으로 온 정초를 버선발로 반겨 주었습니다. 하지만 정초는 세종을 뵐 면목이 없었습니다. 정초는 고개를 숙이고 작은 목소리로 답했습니다.

"전하, 함길도에서의 농사는 제 마음대로 되지 않았사옵니다."
"허허, 다 들었네. 하지만 자네는 분명 좋은 답을 찾아왔으리라 믿네."
"전하, 성은이 망극하옵니다. 꼭 우리나라에 맞는 농서를 만들어 전하의 은혜에 보답하겠습니다."

세종은 정초를 향해 밝게 웃어 주었습니다. 그리고는 변효문에게 함께 농서를 집필하라 명령을 내렸습니다.

정초와 변효문은 고민하기 시작했습니다.

'어떻게 해야 쓸모 있는 농서를 만들 수 있을까?'

답은 이미 정초가 했던 경험 속에 녹아 있었습니다.

"전하, 중국의 농서와 우리는 맞지 않았습니다. 중국의 땅과 우리 땅은 다르기 때문입니다. 우리 땅이라고 해서 그 농법이 같을 수는 없습니다. 우리나라도 북쪽은 춥고 남쪽은 따뜻합니다. 섬에는 습기가 많고, 내륙은 건조하지요. 또한 높은 산은 기온이 낮고 물을 구하기 어렵습니다. 하여 지역마다 다른 농법이 필요합니다."

"그렇군. 그렇다면 각 지역마다 농사짓는 법을 적어 올리도록 하라. 특히 농사가 잘 된 땅은 그 이유를 조사하고, 방법을 알아내어 올리도록 하라!"

정초의 말을 들은 세종은 각 도의 감사에게 명령을 내렸습니다.

4 우리 땅을 가장 잘 아는 책

　각 도에서 농사법을 적은 서찰들이 올라오면 정초와 변효문은 그것을 확인하고, 필요한 자료들을 묶었습니다. 또 직접 농지를 돌며 농사법을 연구하기도 했습니다.

　정초가 '거름 만드는 법'을 연구하고 있을 때였습니다. 연구를 거듭하던 정초는 풍년이 드는 땅을 조사해 그곳에 직접 가 보았습니다.

　마침 한 노인이 거름을 만들어 땅에 뿌리고 있는 것이 보였습니다.

　"저, 말씀 좀 묻겠습니다. 이 거름은 어떻게 만드셨는지요."

　정초는 일부러 농사꾼인 척하며 노인에게 다가갔습니다. 하지만 자기 땅의 비밀을 알리고 싶지 않았던 노인은 쉽게 대답해 주지 않았습니다.

　"저, 어르신 제가 농사를 짓는데 거름 만드는 법이 틀렸는지 열매가 제대로 맺질 않습니다. 제게 방법을 알려 주십시오."

"에끼! 내가 평생 땅을 부리며 알아낸 걸 왜 자네에게 알려 줘야 하는가!"

노인은 역정을 내고 다시 땅에 거름을 뿌렸습니다. 정초는 노인 몰래 거름을 손에 쥐어 비벼보고, 냄새도 맡아 보았습니다. 하지만 좀처럼 거름 속에 무엇이 들었는지 알 수 없었습니다.

거름을 다 뿌리고 집으로 돌아가는 노인을 하염없이 바라보던 정초는 헐레벌떡 노인을 따라갔습니다.

"어르신, 땅을 잘 부리는 어르신을 만나니 제가 술 한 잔 사 올리고 싶습니다만, 어떠십니까?"

정초의 말에 노인이 입맛을 쩍쩍 다시며 말했습니다.

"나를 취하게 해서 거름 만드는 법을 알아내려 하는 것이라면 헛걸음이오."

"예, 그저 제가 거하게 한 잔 마시고 싶어서 그럽니다. 가시지요."

노인과 주막에 간 정초는 노인의 기분을 맞추며 술을 따랐습니다. 정초의 생각대로 취기가 오른 노인은 농사의 비밀을 조금씩 이야기하기 시작했습니다.

"내가 말이야, 딸꾹, 농사를 자그마치 오십 년을 지었네. 딸꾹, 그중에 거름 만드는 법은 내가 조선 최고일 걸세. 딸꾹."

"네네 그렇습죠. 어르신 소문은 한성까지 자자합니다요."

정초가 맞장구를 쳐 주었습니다.

"하하 그 정도란 말이야? 딸꾹, 내 거름은 이 오줌보에서 나오는데 말이요. 딸꾹, 내 오줌이라도 받아서 한성에 팔아먹어야겠군. 딸꾹."

"네? 어르신 오줌이라 하셨습니까?"

"그래그래, 웅덩이를 파서 오줌을 모았다가 쭉정이를 태워 만든 재를 웅덩이에 있는 오줌이랑 반죽을 하지. 오줌이 삭으면서 아주 좋은 거름이 된단 말이야. 딸꾹, 이건 아마 아무도 모를 거야. 딸꾹, 평생 아무도 모를 거야. 딸꾹."

'드디어 알아냈군! 어르신 감사합니다. 좋은 책을 만들어 모두가 잘 사는 나라를 만들겠습니다.'

정초는 노인이 한 말을 잘 적어서 한성에 돌아왔습니다.

그 뒤로도 농사가 특히 잘 되거나, 새로운 농법을 연구한 농부가 있다면 찾아가 그 방법을 묻고, 책에 정리했습니다.

"전하 드디어 농서가 만들어졌사옵니다."

정초는 발로 뛰어 만든 농서를 세종에게 올렸습니다. 새롭게 만들어진 농서를 보고 세종은 《농사직설》이라는 이름을 붙였습니다.

정초는 《농사직설》에 씨앗을 선택하는 법과 보관하는 법, 논밭을 가는 법 등을 자세히 적었습니다. 삼·벼·기장·조·수수·치·콩·팥·녹두·보리·밀·참깨·메밀의 재배법에 대해서도 적어 놓았지요.

벼농사에도 볍씨를 뿌려 그대로 키우는 방법, 밭에 키우다가 장마 이후에 물을 담은 채 논으로 옮겨 키우는 방법, 못자리에서 기운 벼의 모를 논

에 옮겨 심어 재배하는 방법 등 다양한 방법들을 기록했습니다.

또한 정초는 거름의 여러 종류와 농기구, 밭작물의 파종법, 경작 방식 등에 대해서도 자세하게 실어 농민들이 보고 각 땅에 맞게 농사를 지을 수 있도록 도왔습니다.

"조선 땅에 딱 맞는 농서가 완성되었네. 《농사직설》을 각 도에 나누어 주어 백성들이 이용할 수 있도록 하라."

세종은 각 도마다 《농사직설》을 나누어 주었습니다.

백성들은 조선에 맞는 농서를 보고 농사를 지을 수 있게 되었습니다. 그러자 수확량이 늘어나고, 백성들은 전보다 배불리 먹을 수 있게 되었지요.

세종은 기뻐하며 궁궐 후원에 논밭을 만들고 직접 농사를 지었습니다. 《농사직설》에 나온 대로 부지런히 논을 일궜지요.

그 해는 무척 가물었는데도 불구하고 세종은 튼실하게 여문 벼를 얻을 수 있었습니다.

"허허, 이게 다 《농사직설》 덕분이요. 초보 농부도 이리 튼실하게 여문 벼를 얻을 수 있게 하는 책이니 참 대단하구먼."

백성들이 열심히 농사를 지은 만큼 풍성한 수확을 얻을 것을 생각하니 세종대왕과 정초의 입에서는 미소가 떠나지 않았습니다.

질문 있어요!

Q 조선 시대 농업과학자는 또 누가 있어요?
A ≪과농소초≫를 쓴 박지원

1798년에 정조는 농민들을 위한 농서를 편찬하라 말했어요. 그 후 1년 만에 박지원은 ≪과농소초≫라는 농서를 임금님께 올렸지요.

박지원은 어떻게 1년 만에 농서를 만들었을까요? 사실 박지원은 정조 임금님이 말하기 전부터 농업에 관한 자료를 모으고 있었어요. 농업에 관심이 많았던 박지원은 금천의 연암골에서 연구했던 자료에 내용을 덧붙여 임금님께 올린 것이지요.

박지원은 ≪과농소초≫에 중국 농법 중 배울 만한 점들을 정리했고, 노동력은 줄이고 수확은 많이 얻을 수 있는 방법들을 실었어요. 이 밖에도 다양한 농기구를 설명하며 농기구를 좀 더 효과적으로 사용하는 방법도 알려 주었어요.

Q 굶주리는 사람을 없애기 위해 어떤 연구를 하고 있어요?
A 생명과학자

생명과학은 생명에 관한 것을 연구해요. 생명에 관계된 일을 연구하니까 당연히 식물과 식량에 대한 연구도 하고 있지요. 생명과학이 발전하면 굶주리는 사람들이 줄어들 거예요.

A 세계의 식량 문제를 연구하는 옥수수박사 김순권

우리나라에도 쌀이 없어 옥수수나 고구마로 끼니를 잇던 때가 있었어요. 그때 우리나라의 큰 과제는 한꺼번에 많이 수확할 수 있고, 먹을 것이 많은 식량을 개발하는 것이었어요. 우리 국민들이 배불리 먹을 수 있는 나라를 만들고 싶었던 김순권 박사는 옥수수 연구에 매달렸어요. 결국 아시아 최초로 생산량이 세 배나 되는 옥수수를 개발했지요.

그 후에는 아프리카의 식량난을 해결하기 위해 아프리카로 떠났어요. 선진국 박사들이 100여 년간 연구했지만 모두 실패한 연구에 뛰어든 것이지요. 100여 년간 실패했던 이유는 '악마의 풀_{스트라이가}'이라 불리는 잡초 때문이었어요. 김순권 박사는 악마의 풀을 이겨내는 옥수수를 개발했고, 아프리카 땅에서도 옥수수가 자랄 수 있게 되었어요. 김순권 박사는 그 뒤로 북한의 식량난을 해결하기 위해 애쓰고 있어요.

배고픈 사람이 없는 세계를 만들기 위해 노력하는 박사님이 대단하지 않나요? 세계에서도 박사님의 노력을 인정해 박사님은 노벨 평화상 후보로 다섯 번이나 올랐답니다.

'옥수수박사'로 불리우는 김순권 박사님

4 의학에 질문을 던진 허준

1539 (중종 34년) ● 출생

1590 ● 세자 광해군의 두창을 치료한 공로로 정3품 통정대부, 당상관의 작위를 받음

1592 ● 임진왜란으로 인해 선조를 의주까지 수행

1596 ● 광해군을 치료한 공로로 정2품 정헌대부의 작위를 받음
선조가 의서 500권을 내 주며 《동의보감》을 편찬할 것을 명함

1600 ● 내의원 수의가 됨

1604 ● 임진왜란 때 선조를 의주까지 호종한 공으로 호종공신 양평군의 군호와
종 1품 숭록대부의 작위를 받음

1608 ● 《언해구급방》《언해두창집요》《언해태산집요》를 펴냄, 선조의 승하로 수의의 책임을
지고 귀양 감

1609 ● 광해군의 호의로 귀양에서 풀려 남

1610 ● 《동의보감》 집필을 마침

1615 (광해군 7년) ● 사망

허준 선생님의 질문

어떻게 하면 사람들이 좀 더 건강해질 수 있을까?

의학에 질문을 던진 허준 선생님에게 생명을 소중하게 생각하는 '의학자'로서의 직업정신을 배워 보아요!

1 하늘 님이 노해서 생긴 병이라고요?

해거름이 되어 뜨거웠던 공기가 서늘해집니다. 바람이 마을을 한 바퀴 돌며 종일 태양을 보고 있던 나뭇잎들을 식힙니다.

"밥 먹어라!" 하고 부르는 소리와 아쉬워하며 인사하는 아이들의 소리가 울려 퍼져야 하는 시간이지만 마을에는 아무런 소리도 들리지 않습니다.

집집마다 문은 꽁꽁 닫혀 있습니다. 향냄새만 마을에 가득했습니다.

"애야, 눈 좀 떠 보거라! 흐흐흐흑."

울음소리가 바람결에 실려 왔습니다.

"준아, 얼른 문 닫아라! 그러다 마마 님 들어오실라!"

동네 아이들과 놀고 싶은 허준이 대문을 열자, 어머니는 얼른 문을 닫았습니다. 허준의 집에도 향냄새가 가득했습니다.

"어머니, 마마가 누구예요?"

허준의 질문에 어머니는 주변을 살피고는 허준에 귀에 속삭였습니다. 마마 님이 이야기를 듣고 집에 들어올지도 모른다는 생각 때문이었습니다.

"마마는 하늘 님이 노해서 걸리는 병이란다. 마마 님을 화나게 하면 우리 집에도 찾아올지 몰라. 혹여 마마 님이 들어오면 싸우면 절대 안 되고,

잘 대접해서 보내드려야 해."

마마는 '두창•'이라는 전염병을 부르는 말입니다. 조선 시대에는 두창의 치료법이 없었기 때문에 두창에 걸리면 열에 아홉은 죽고 말았습니다. 그래서 '마마'라는 이름으로 높여 부르며, 함부로 두창을 치료하지 않고 굿을 해서 잘 달래 보내야 한다고 생각했습니다.

'하늘 님이 노해서 생긴 병이라고요? 그래도 잘 치료하면 나을 수 있지 않을까요?'

동무들과 빨리 놀고 싶은 허준은 두창이라는 병이 미웠습니다.

병이 마을을 한바탕 휩쓸고 지나갔습니다. 그나마도 병을 잘 이겨낸 친구들의 얼굴에는 움푹하게 패인 상처가 남았습니다. 서당에서 함께 공부하던 친구들 중 몇은 더 이상 볼 수 없었습니다. 허준은 동무들의 얼굴을 하나씩 그리며 천천히 집으로 향했습니다.

"준아, 이리 들어오너라."

어머니가 터벅터벅 걸어오는 허준을 불렀습니다.

"무슨 일이 있느냐?"

> **두창** '천연두'를 한방에서 이르는 말이에요.

"오늘 서당에 가 보니 친구들이 많이 나오지 않았어요. 마마에 걸려 세상을 떠난 친구들이 많은 것 같아요. 어머니, 친구들을 살릴 방법은 정말 없었을까요? 또 다시 마마가 오면 친구들이 또 죽고 마는 거예요?"

허준의 눈에서 가둬 놓았던 눈물방울들이 떨어졌습니다. 어머니는 허준의 손을 잡고 방으로 들어갔습니다.

"동무들을 살리고 싶으냐?"

"네, 어머니."

"자, 《천자문》을 익히고 《소학》과 《사서삼경》을 다 읽으면 이 책을 읽어 보거라. 네 5촌 당숙이신 김안국 어른이 쓰신 책이다."

어머니는 허준에게 《본문온역이해방》이라 쓰인 책을 내밀었습니다.

"이 책에는 전염병에 대해 자세히 쓰여 있단다. 열심히 공부하면 앞으로 네 동무들은 물론 많은 사람들을 살릴 지식을 얻을 수 있을 게다."

"정말요? 저도 김안국 어른처럼 사람을 살리는 사람이 될 수 있는 거예요?"

허준은 눈물을 닦고, 어머니가 내민 책을 두 손으로 받았습니다.

허준의 아버지인 허론은 양반이었지만, 어머니는 본부인이 아닌 첩이었습니다. 조선 시대에는 첩이 낳은 아들은 서자라고 부르며 차별을 했습니다. 특히 벼슬을 하기가 어려웠지요. 하지만 통역을 하는 역관이나 지금의 의사인 의관은 서자도 할 수 있는 벼슬이었습니다. 허준의 어머니는 아들이 생명에 관심을 갖자, 내심 고마우면시도 비안했습니다.

2 사람을 살리는 직업

하얀 눈발 대신 민들레 씨가 땅에 사뿐히 내려앉았습니다. 동장군을 몰아내고 따뜻한 봄이 온 것입니다.

"여기요! 이 집이요!"

어미닭을 쫓아가는 병아리들처럼 허준의 집 앞에도 긴 줄이 생겼습니다. 배가 아파 울고 있는 아기부터 연신 무릎을 두드리고 있는 할아버지까지 모두 허준을 찾았습니다.

"배가 아프고, 손발이 차군요. 이 아이에게는 쑥을 먹이세요. 쑥이 몸을 따듯하게 하고 찬 기운을 몰아내 줄 것입니다."

"감사합니다!"

가난한 형편에 약재를 살 수 없던 사내는 모이를 쪼으는 닭처럼 연신 고개를 조아렸습니다. 쑥은 마을 어디서나 뜯을 수 있는 풀이기 때문입니다.

허준은 찾아오는 사람들에게 쉽게 구할 수 있는 약들을 알려 주었습니다. 그래서 허준의 집 앞에는 늘 긴 줄이 끊이지 않았습니다.

허준은 어머니의 말씀대로 《천자문》과 《소학》 《사서삼경》을 읽고 《본문온역이해방》이라는 책도 읽었습니다. 그냥 읽은 것이 아니라 모두 달달 외워 버렸습니다. 그 외에 각종 의서들까지 구할 수 있는 책은 다 구해서 읽었습니다.

허준은 의학이 역사와 자연까지 이해해야 하는 학문이라는 것을 깨달았습니다. 허준은 닥치는 대로 책을 읽고, 산에 가서 여러 풀들을 관찰했습니다.

'사람의 몸에 도움이 되는 풀은 어떤 것일까?'

풀을 연구하느라 직접 풀을 뜯어 먹고 배탈이 나기도 했지만 허준은 쉬지 않고, 몸에 독이 되는 약재들도 기록했습니다.

허준이 병을 잘 고친다는 것이 알려지자, 허준의 집에는 양반들도 드나들기 시작했습니다. 양반들은 허준이 다양한 약재를 많이 알고 있다는 것에 놀라고, 그의 학식에 한 번 더 놀랐습니다.

"아니 젊은 선비가 어찌 그리 박식한가. 성리학과 도교에까지 능통하네그려."

"과찬이십니다. 의학을 알기 위해 함께 조금 공부한 것뿐입니다."

허준은 겸손하게 고개를 숙였습니다.

"내가 아는 양반 중에 가장 박식한 분은 미암 유희춘 선생님이네. 그분이 젊었을 때 꼭 자네 같았을 것 같네만. 나와 함께 그분을 찾아가 보지 않겠나?"

유희춘은 당시 조선의 왕인 선조를 가르쳤을 정도로 학식이 뛰어난 사람이었습니다. 그런 대단한 선생님을 만나게 해 준다니, 허준의 심장이 요동쳤습니다.

"유희춘 선생님께서 저 같은 서자 출신을 만나 주시겠습니까?"

"유희춘 선생님은 실력을 중요하게 생각하는 분이라네. 가서 의학에 대해 이야기를 나눠 봄세. 아니, 자네라면 유희춘 선생님과 다양한 분야의 이야기를 할 수 있겠네. 허허."

허준은 유희춘을 소개 받았습니다.

유희춘은 이미 허준에 대해 잘 알고 있었습니다.

"자네가 허준이군."

"제 이름을 어찌 아셨습니까. 어르신을 만나 뵙게 되어 영광입니다."

"자네의 의술은 이미 한성에서 유명하네."

유희춘은 어떤 이야기를 하더라도 허준이 쉽게 이해하는 것을 보고 적잖이 놀랐습니다. 그 뒤로 허준은 유희춘의 집에 자주 드나들면서 다양한 주제로 이야기를 나눴습니다.

그러던 어느 날 밤, 유희춘의 집 노비가 허준의 집 대문을 두드렸습니다.

"아니 늦은 밤에 어쩐 일이오?"

허준이 눈을 부비며 문을 열었습니다. 집 앞에 서 있는 노비는 한시가 급해 보였습니다.

"안방마님께서 입에 종기가 나 앓아누우셨습니다. 하여 대감께서 선비님을 만나고 오라 하셨습니다."

종기는 빨갛게 부어오르고 상처에 고름이 차는 피부병을 말합니다. 조선 시대에는 종기 때문에 죽는 사람도 많았습니다.

"아니, 마님께서 아프신데 왜 나를 불렀느냐? 의녀를 부르지 않고?"

허준은 여성들을 치료하는 의녀가 아니라 남자인 자기를 부르자 의아했습니다.

"네, 의녀가 와서 종기를 치료하고 갔습니다만 아직도 마님의 열이 떨어지지 않았습니다. 하여 어떤 약을 쓰면 좋을지 대감님께서 여쭤 보라 하셨습니다."

"그렇구나. 마님의 상태를 상세히 말해 보아라."

허준은 상태를 듣고는 처방을 해 주었습니다. 허준의 처방대로 약을 지어 먹자 안방마님의 열이 떨어지고, 종기가 금세 아물었습니다. 유희춘은 허준을 불러 고마운 마음을 전했습니다.

"고맙네. 종기가 크고 열이 심해 걱정이 되었는데, 자네가 처방해 준 약을 먹으니 금세 부기가 가라앉았네. 내가 자네에게 큰 빚이 생겼구먼."

"아닙니다. 어르신, 마땅히 해야 할 일을 했을 뿐입니다."

그 뒤로 허준은 유희춘의 집에 아픈 사람이 있으면 가서 약을 지어 주곤 했습니다. 유희춘은 그런 허준을 곁에서 오래도록 지켜보았습니다.

"내가 그동안 자네를 지켜보니 자네는 조선 어느 누구보다 약에 대해 잘 알고 있는 사람일세. 게다가 학식도 뛰어나니 여기 있지 말고 궁궐에 들어가서 더 많은 의술을 배우고, 의학을 연구해 보는 게 어떤가. 이미 내가 자네를 천거했네만."

"네? 소인을요? 감사합니다. 어르신."

궁에서 의학을 공부할 수 있다는 생각에 허준의 심장이 뛰었습니다. 궁궐 서가에는 국내의 서적들은 물론 중국의 의학 서적까지 빽빽하게 꽂혀 있기 때문입니다. 그 책들을 연구하면 더 많은 사람들의 생명을 살릴 수 있을 것입니다.

'어머니, 어머니의 소원대로 의관이 되려합니다. 열심히 배워서 더 많은 사람을 살리겠습니다.'

3 제가 고치겠습니다!

 허준은 내의원에 들어가게 되었습니다. 내의원은 임금과 왕비, 왕자 등 신분이 높은 사람들을 치료하는 곳이었습니다. 치료를 잘하면 큰 상을 받을 수 있었지만 치료를 잘못하면 목숨을 잃을 수도 있었기에 무서운 자리이기도 했습니다.

 어느 날, 내의원의 의원들이 한자리에 모였습니다. 둥글게 모여 앉은 의원들 사이에 세자인 광해군이 누워 있었습니다. 경험 많은 내의원 어의 양예수가 광해군의 맥을 짚었습니다. 양예수의 얼굴이 어두워졌습니다.

 "광해군의 병이 무엇이냐?"

 "두창인 것 같습니다."

 선조의 표정이 굳었습니다. 뒤에 서 있던 내의원 어의들도 모두 놀란 눈치입니다.

한참을 말없이 있던 선조가 입을 열었습니다.

"그래, 두창은 무서운 병이라 들었다. 하지만 치료법이 없지는 않겠지. 두창은 어떻게 치료하느냐?"

선조가 내의원 어의들을 둘러보며 물었습니다. 한 나라의 왕으로서가 아닌, 한 아이의 아버지로 물은 것입니다.

"두창은 치료법이 없습니다."

뒤에 있던 어의가 말하자, 모든 어의들이 고개를 숙였습니다. 치료를 받던 광해군이 죽기라도 한다면 치료한 어의도 살기 힘들 것입니다. 그러니 아무도 나서지 못했습니다.

"두창은 굿을 해서 잘 달래 보내는 것이 옳습니다."

한 신하가 어린 시절 허준의 어머니와 같은 말을 했습니다.

'사람 목숨을 포기해서는 안 돼.'

허준의 머릿속에 함께 놀던 어린 동무들의 얼굴이 떠올랐습니다.

"전하, 제가 치료해 보겠습니다."

허준이 고개를 들고 말했습니다. 주변에 있던 내의원 어의들은 누군가 나서자, 안도의 한숨을 쉬었습니다.

"그래, 자네 이름은 무엇인가?"

"허준이라 하옵니다."

"자네가 광해군을 치료한다면 내가 큰 상을 내리겠노라."

허준은 내의원에 돌아와 밤새 서책을 살폈습니다.

'임금님의 기대를 저버려서는 안 돼. 내가 꼭 광해군 마마를 살리고 말겠어. 두창 치료법을 알아내면 백성들에게도 알려서 많은 사람들을 살려야지. 어떤 약을 쓰면 좋을까?'

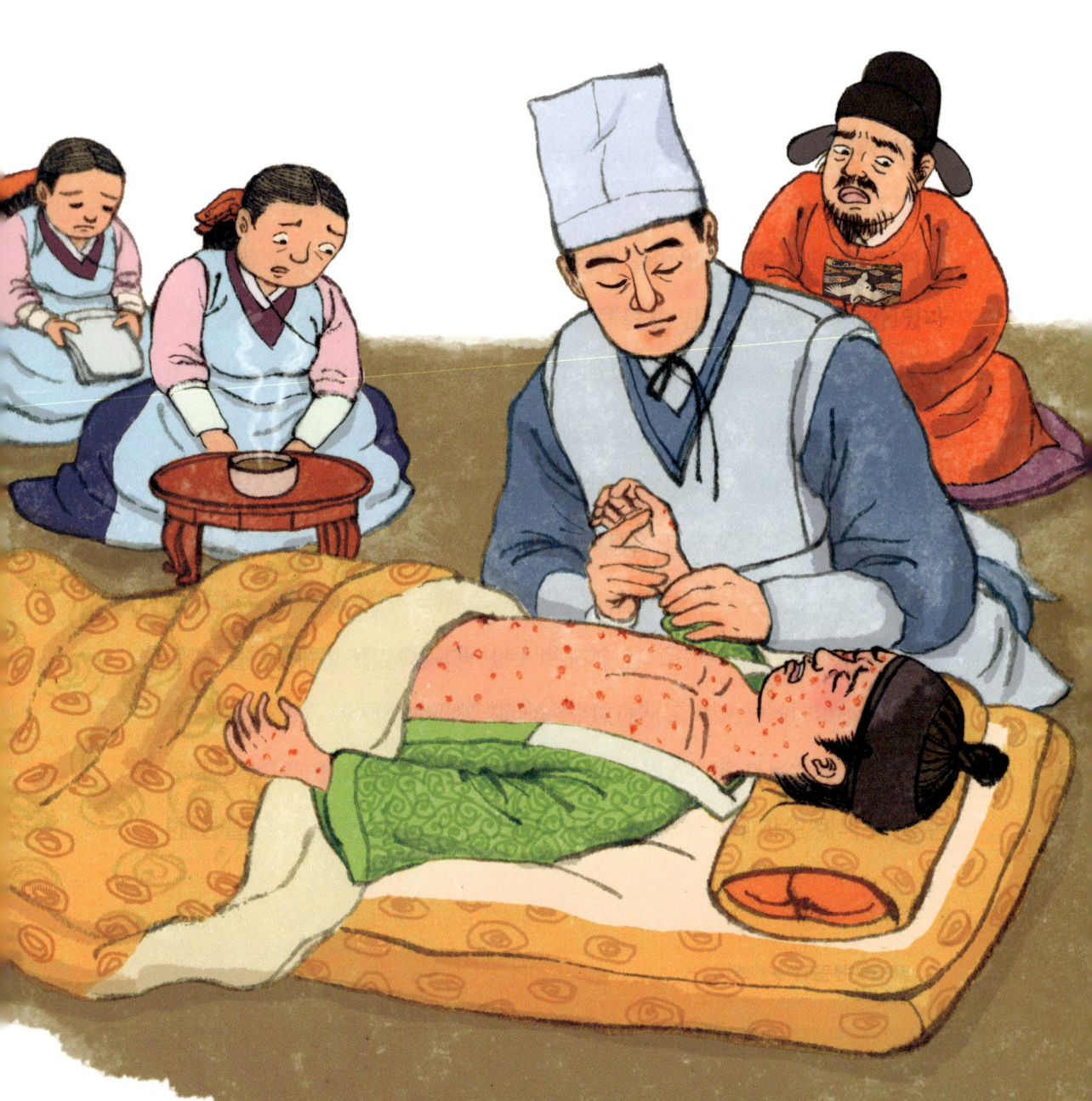

허준은 두창을 치료했다는 약재들을 다시 한 번 살펴보았습니다. 거기에 여러 책에서 조사한 약재들을 섞어서 두창 치료제를 만들었습니다.

허준은 약을 들고 광해군의 방에 들어갔습니다. 가까이에서 광해군을 보니 이미 두창이 많이 진행되어 얼굴에까지 고름이 잡혀 있었습니다.

'전하, 부디 쾌차하셔야 합니다.'

허준은 간절히 빌며 직접 다린 약을 한 숟가락씩 광해군의 입에 흘려 넣었습니다.

그렇게 며칠이 흘렀습니다. 궁은 온통 광해군의 병 이야기로 넘실거렸습니다. 광해군이 죽었다는 소문까지 돌았습니다.

"저기, 허준이다!"

광해군의 치료를 마친 허준이 밖으로 나왔습니다. 허준이 병을 옮길까 봐 사람들은 멀찍이서 지켜보았습니다. 그런데 허준의 뒤로 우렁찬 목소리가 들렸습니다.

"게 누구 없느냐? 배가 고프구나!"

다시 건강해진 광해군의 목소리였습니다. 허준이 광해군의 두창을 고친 것입니다.

그 후로 허준은 두창을 고친 의사로 유명해졌습니다. 허준은 치료법을 자세히 적어 백성들에게 알렸습니다.

허준의 노력 덕분에 두창을 고칠 수 없는 병이라 생각하며 미신에만 의지하던 생각이 점점 바뀌었습니다.

4 내가 할 수 있는 일은 무엇일까?

 의학에 관심이 많았던 선조가 양예수와 정작, 허준 등 내의원들을 불러 말했습니다.
 "요즘 중국의 의서들은 형편없구나. 게다가 중국 의서에는 우리 백성들이 구하기 어려운 약재들이 많다. 우리에게 꼭 맞는 우리 의서를 자네들이 만들어 주었으면 좋겠구나."
 의원들도 선조와 같은 생각을 하고 있었습니다. 한자 이름으로 쓰여 있는 중국 책은 백성들이 읽기에 어려웠고, 같은 약재를 찾기도 어려웠기 때문입니다.
 임금님의 명에 따라 내의원의 의원들은 연구를 시작했습니다. 허준도 책 속에 파묻혀, 매일같이 좋은 의서 만들 방법을 고민했습니다. 내의원들이 각자 연구한 것을 이제 막 정리하려고 할 때였습니다.

"왜군*이다! 왜군이 쳐들어왔다!"

부산 앞바다가 왜군의 배로 새까맣게 뒤덮였다는 소식이 들려왔습니다. 순식간에 육지로 올라온 왜군은 한성을 향해 쳐들어왔습니다. 왜군은 신무기인 조총을 쏘며 공격했습니다. 군사훈련도 제대로 되어 있지 않고, 낡고 무딘 무기를 가지고 싸우는 조선군은 상대가 되지 못했습니다.

"하아… 이 어쩌면 좋단 말이냐. 20만 대군이 조선을 침략하다니. 이제 어찌하면 좋겠느냐."

"벌써 왜구가 한성까지 쳐들어왔다고 합니다. 우선 피란을 가심이 옳을 듯합니다. 여기 있다가는 조선 왕조가 끊어지고 말 것입니다."

"어서 피란을 떠나셔야 합니다. 일단 자리를 피하시고, 한성이 잠잠해지면 다시 돌아오셔서 후일을 논하심이 옳습니다!"

신하들이 입을 모았습니다.

선조가 희망을 걸고 있던 신립 장군마저 처참하게 져 버리고 말자, 선조는 평양으로 피란을 떠나기로 했습니다. 짐을 꾸리고 나자 선조와 함께 떠나려는 신하들은 수십 명 밖에 남아 있지 않았습니다. 모두 먼저 도망쳐 버린 것입니다.

왜군 일본의 군대를 낮잡아 이르는 말이에요. 이때 일어난 전쟁이 바로 '임진왜란'이랍니다.

'전쟁 속에서 내가 할 수 있는 일은 무엇일까?'

잠깐 고민을 하던 허준은 선조의 뒤를 따랐습니다. 왕의 건강을 돌보는 일이 자기가 할 수 있는 일이라 생각했기 때문입니다.

피란길에는 굶어서 죽어가는 사람, 총에 맞은 사람 등 아프거나 다친 사람들이 수도 없이 많았습니다. 허준은 가끔 무리에서 빠져나와 아픈 백성들을 치료해 주었습니다. 전쟁 중이라 약을 구할 수 없자, 허준은 낮에 걸으며 약이 될 만한 풀들을 짐 속에 넣어 두었다가 아픈 사람을 만나면 그 사람에게 맞는 약재들을 꺼내 주었습니다.

허준이 아픈 사람들을 돌보는 동안 수많은 의병과 관군, 승려 들은 나라를 위해 싸웠습니다. 그리고 마침내 반가운 소식이 들려왔습니다.

"전하, 이순신이 또 승전했다 하옵니다!"

이순신 장군이 노량해전에서 승리하고 장렬하게 전사한 후, 왜란이 끝났습니다. 선조를 따라 다시 한성으로 돌아오던 허준은 전쟁으로 끔찍해진 마을과 사람들을 보았습니다. 사람들은 모두 굶주렸고, 아팠고, 먹을 것도 쉴 곳도 없었습니다. 왜군이 조선 사람의 코를 베어가기도 해서, 코가 베어진 시신들도 여기저기 보였습니다.

"하…."

허준의 한숨이 깊어졌습니다.

'전쟁으로 다친 사람들을 위해, 의학자인 내가 할 수 있는 일은 뭘까?'

허준은 자기가 할 수 있는 일을 곰곰이 생각했습니다. 그러고는 한문으로 쓰여 있던 의서들을 한글로 옮기기 시작했습니다. 응급처치에 관한 책인 ≪언해구급방≫ 출산에 관한 책인 ≪언해태산집요≫ 두창에 관한 책인 ≪언해두창집요≫였습니다.

전쟁이 끝나고 백성들의 몸은 약해질 대로 약해져 있었습니다. 허준은 그런 백성들에게 필요한 책들을 먼저 한글로 옮긴 것입니다.

'이 책을 백성들이 읽고 자신의 몸을 스스로 고칠 수 있다면 좋겠구나.'

한 권 한 권 한글로 책을 옮기며 다시 전쟁 전의 평화로운 나라가 되길 허준은 빌고 또 빌었습니다.

5 다시 시작된 의서 편찬

두 번의 왜란에서 모두 선조를 모신 허준은 종1품 벼슬을 하게 되었습니다. 의원 중에 이렇게 높은 벼슬을 한 사람은 허준 밖에 없었습니다. 서자의 신분이었기에 더더욱 불가능한 벼슬이었습니다.

모두가 축하해 주었지만 허준의 마음은 편하지 않았습니다. 전쟁 중에 만났던 백성들의 얼굴이 자꾸 떠올랐기 때문입니다.

'저 많은 사람들을 살리기엔 나 하나의 힘으로는 역부족이구나.'

허준의 머릿속에 손이 부족해 치료하지 못했던 얼굴들이 떠올랐습니다.

허준의 마음을 알았는지 궁으로 돌아온 선조가 허준에게 오백여 권의 의서를 주며 말했습니다.

"나는 이제 망가져 버린 조선을 다시 세우고, 백성들을 고쳐야 하네. 전쟁통에 많은 책들이 불타 버렸고, 함께하던 사람들도 없어졌지만 그래도 다시 의서를 편찬해 주게나."

전쟁이 끝나자 양예수는 몸이 아파 다시 궁에 들어올 수 없었습니다. 함께 의서를 쓰던 정작도 시골로 들어가 버렸습니다. 선조는 혼자 남은 허준을 불러 다시 의서 편찬을 맡긴 것입니다.

'그래, 백성들이 읽을 수 있는 쉬운 의서가 있다면 의원이 없는 곳에서도 스스로 병을 치료할 수 있겠구나!'

허준의 마음은 다시 뜨거워졌습니다. 하지만 상황은 좋지 않았습니다. 허준은 처음 내의원에 들어올 때보다 늙고 힘이 없었습니다. 함께 의서를 만들며 의지했던 사람들이 없어 더욱 쓸쓸했습니다.

게다가 참고하던 책들도 전쟁으로 다 불타 버리자 허준은 좌절할 수밖에 없었습니다.

'아, 여기서 의서 만드는 것을 멈춰야 한단 말인가.'

허준은 상심하며 눈을 감았습니다. 그때 번뜩 허준의 머릿속에 타 버린 의서들의 내용이 떠올랐습니다. 좋은 의서를 만들기 위해 읽고 또 읽었던 의서들이 허준의 머릿속에 고스란히 남아 있던 것입니다.

'감사합니다!'

허준은 다시 의서를 쓰기 시작했습니다. 그러던 중 허준을 상심에 빠지게 하는 일이 또 생겼습니다. 허준을 믿고 의서를 쓰게 해 주었던 선조가 앓아눕고 만 것입니다.

당시 조선은 전쟁뿐 아니라 신하들 간의 싸움까지 안팎에서 싸움이 끊이지 않았습니다. 선조는 전쟁으로 약해져 있는 몸에 정신적으로도 고통이 더해져 결국 쓰러지고 말았습니다.

허준은 선조를 살리려고 끝까지 최선을 다했습니다. 하지만 결국 선조는 허준이 쓴 의서를 보지 못한 채 눈을 감고 말았습니다.

"허준이 치료를 잘못해서 임금님이 승하하신 것이옵니다."

"서자였던 허준에게 임금님의 치료를 맡긴 것이 잘못이옵니다."

"허준의 죽음으로 죄를 물어야 합니다!"

선조가 허준을 편애한다고 생각했던 신하들은 허준이 선조를 죽였다고 몰아갔습니다.

"신하들의 요구가 빗발치니 어쩔 수 없이 자네를 귀양 보내야 할 것 같네. 하지만 그곳에서도 의서 편찬에 힘써 주게. 혹시 궁에 있는 책이 필요하다면 언제든 와서 가지고 가게나."

광해군은 신하들의 항의에 허준을 귀양 보낼 수밖에 없었습니다. 하지만 허준이 언제든 궁을 오갈 수 있도록 배려해 주었습니다. 그만큼 의서를 만드는 일은 중요했습니다.

허준은 자유롭지 못한 귀양 생활이 오히려 마음에 들었습니다. 오롯이 의서 작업에만 집중할 수 있기 때문이었습니다.

6 의서를 만들기 위한 질문들

 허준은 다시 책상에 앉아 좋은 의서를 만들기 위한 질문을 던졌습니다.

 '병에 걸리고 나면 몸이 약해져 치료가 어렵다. 처음부터 병에 걸리지 않게 하려면 어떻게 해야 할까?'

 '중국 책 속에 나온 약재들은 우리나라에서 구하기 어려운 것이 많다. 이 약재 중 우리나라 약재로 바꾸어 쓸 수 있는 건 없을까?'

 '아픈 사람들이 자신의 병을 알고, 병에 걸리면 어떻게 되는지, 어떻게 치료하는지를 알려 줄 방법은 없을까?'

 질문의 답을 찾아가며 의서를 완성해 가고 있을 즈음에, 광해군이 허준을 다시 불렀습니다.

궁에 돌아오는 허준의 쭈글쭈글한 손에는 책 한 권이 들려 있었습니다.
"전하, 드디어 우리 의서가 만들어졌습니다."
허준이 떨리는 손으로 의서를 내밀었습니다.
"자네가 큰일을 해냈네!"
광해군은 의서를 안고 펑펑 울었습니다. 고통 받는 백성들의 짐을 조금이라도 덜어 줄 수 있다는 생각 때문이었습니다.

우리 의서에는 《동의보감》이라는 이름이 붙었습니다. '동의'는 '동쪽 나라의 의서'라는 뜻으로 우리나라만의 의서를 만들었다는 자부심으로 지은 이름이었습니다. '보감'은 '보배로운 거울'이라는 뜻입니다. 《동의보감》은 우리 몸에 관한 모든 것을 비추는 책이라는 뜻입니다.

허준의 《동의보감》은 전쟁에서, 귀양살이를 하며 허준이 직접 먹고 효과를 본 약재들을 자세히 소개하였습니다. 또 약재의 이름을 한글로 적어 놓았습니다. 《동의보감》은 백성들이 쉽게 읽고, 쉽게 찾아서 먹을 수 있도록 만든 온전히 '백성들의 책'이었습니다.

《동의보감》은 백성들에게 전해져 수많은 목숨을 살렸습니다.

그 뒤로 《동의보감》은 중국과 일본, 유럽에까지 전해졌습니다. 외국인들은 《동의보감》을 읽고 우리나라의 의학 수준에 깜짝 놀랐습니다. 《동의보감》은 의학서로는 최초로 유네스코 세계 기록유산에 지정되기도 했습니다.

허준이 전쟁의 고통 속에서 써낸 한 권의 책은 많은 사람들의 목숨을 살리는 보배로운 책, 우리 의학을 알리는 귀한 책이 된 것입니다.

동의보감

의학에 질문을 던진 허준

질문 있어요!

Q 조선 시대 의학자는 또 누가 있어요?

A 천연두를 치료한 의학자, 지석영

허준 이후에도 천연두는 조선 사람들이 가장 두려워하는 전염병이었어요. 조선 사람들은 천연두를 고치기 위해 계속 연구했지만 완벽하게 나을 방법은 알아내지 못하고 있었지요. 그때 지석영은 천연두를 완벽하게 치료할 수 있다는 말을 듣게 되었어요. 제너라는 영국 의학자가 찾아낸 '종두법'이 중국과 일본에 들어왔다는 소식이었지요. 종두법은 소가 걸리는 천연두인 우두를 사람에게 주사해서 미리 가벼운 천연두를 앓게 해 천연두를 이겨낼 수 있게 하는 방법을 말해요. 예방접종을 하는 거죠.

지석영은 부산에 일본인이 세운 병원에 찾아갔어요. 그곳에서 종두법에 대해 실습을 하며 치료법을 알아냈어요. 또한 치료에 쓰이는 균도 얻어왔지요. 이 균을 두 살 된 처남을 비롯해서 마을 어린이에게 접종했고, 드디어 조선에서도 예방 접종만으로 천연두를 치료할 수 있게 되었어요.

왕세자두후강복축하도병풍
순종이 천연두에서 나은 것을 기념하기 위해 만든 병풍이에요. 병풍을 만들어 기념할 만큼 천연두는 고치기 힘든 병이었어요.

Q 의학을 연구하는 직업에는 무엇이 있어요?
A 과거 - 조선 시대 여성을 치료하던 의사, 의녀

조선 시대에는 남녀의 구별이 엄격했어요. 남자 의원에게 진료를 받기 싫어 끙끙 앓다가 죽는 여성이 있을 정도였지요. 결국 태종은 '의녀제도'를 만들었어요. 의녀는 여성 의사 혹은 간호사를 말해요. 세종은 여러 지역에서 의녀들을 뽑아서 의술을 가르치고, 다시 자신이 살았던 지역에 돌아가게 했어요. 지방으로 흩어진 의녀들은 각 지역의 여성 치료를 맡아서 했지요.

A 현재 - 죽음의 원인을 밝혀내는, 법의학자

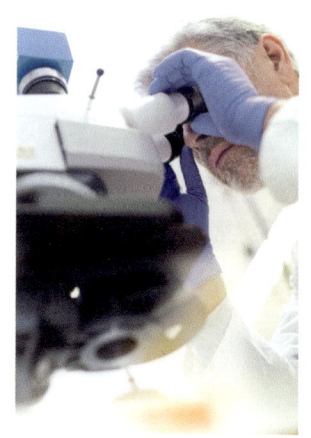

텔레비전이나 책에서 살인사건을 본 적이 있나요? 이런 사건이 나면 사건 현장에 먼저 와서 하얀 장갑을 끼고 시신을 확인하는 사람들이 있어요. 바로 법의학자예요. 법의학자는 죽은 사람이 혹시 누군가에 의해 살해된 것은 아닌지, 혹시 살해되었다면 어떻게 살해당했는지를 밝혀내요. 눈으로는 몸에 상처가 있는지 확인하고, 혈액이나 모발, 치아 등 다양한 검사를 해서 범인을 잡지요.

법의학은 조선 시대에도 있었답니다. 조선 시대에는 법의학에 관련된 책들도 많이 편찬되었는데, 그중 하나인 ≪증수무원록≫은 '억울함을 없게 한다.'라는 뜻이에요. 억울하게 죽은 사람이 없도록 밝혀내서 죗값을 묻겠다는 뜻이지요.

5 수학에 질문을 던진 홍정하

- **1684** (숙종 10) ● 출생
- **1706** ● 관리를 뽑는 시험인 취재에 합격
- **1713** ● 유수석과 함께 청의 수학자인 하국주와 산학을 겨룸
- **1718** ● 훈도(정9품)
- **1720** ● 교수(종6품)
- **1724** ● 동양의 여러 수학서의 해법을 정리하고 새롭게 응용한 책인 《구일집》을 펴냄
- **?** ● 사망

홍정하 선생님의 질문

어떻게 하면 문제를 쉽게 풀 수 있을까?

어려운 수학 문제들을 쉽게 정리해 놓은 홍정하 선생님을 통해 끊임없이 생각하고 깊이 있게 연구하는, '수학자'로서의 직업정신을 배워요!

1 산학은 참 재미있구나!

"우리 마을에 집이 몇 채 있는지 알고 있느냐?"

산학을 공부하러 모인 아이들은 할아버지의 뚱딴지 같은 질문에 눈동자만 빙글빙글 돌렸습니다.

"저어… 57채 정도 있는 것 같습니다."

개똥이가 얼른 대답했습니다.

"그렇구나. 그런데 내가 못살게 굴어 9채가 이사를 가 버렸다고 한다. 그런데 나는 그들 집도 보기가 싫어 전부 불을 놓아 버렸지."

"네? 왜 그런 일을 하셨습니까?"

"할아버지는 좋은 분 아니셨습니까?"

아이들은 행여나 할아버지가 관아에 끌려갈까 봐 겁을 먹었습니다. 벌써 문지방 너머를 지켜보는 아이도 있습니다.

"이놈들아. 그럼 지금 우리 동네에는 집이 몇 채 남아 있느냐?"

이제야 할아버지가 산학 문제를 냈다는 것을 안 아이들은 놀란 가슴을 진정시키고, 요리조리 산가지를 움직입니다.

산가지는 조선 시대에 산수를 계산할 때 썼던 나뭇가지를 말합니다. 산가지를 똑바로 세워서 (|) 모양으로 놓으면 숫자 1이 되고, 한 개씩 늘려 가며 5(||||)까지 만듭니다. 6부터는 하나는 가로로, 하나는 세로로 (ㅜ) 모양이 되도록 놓습니다. 7은(ㅠ)모양으로 밑에 가지를 하나 씩 늘려 9(|||)까지 만들지요. 10이 되면 (—) 모양으로 놓습니다. 숫자 14를 나타내고 싶으면 산가지를 (—||||) 모양으로 놓았지요.

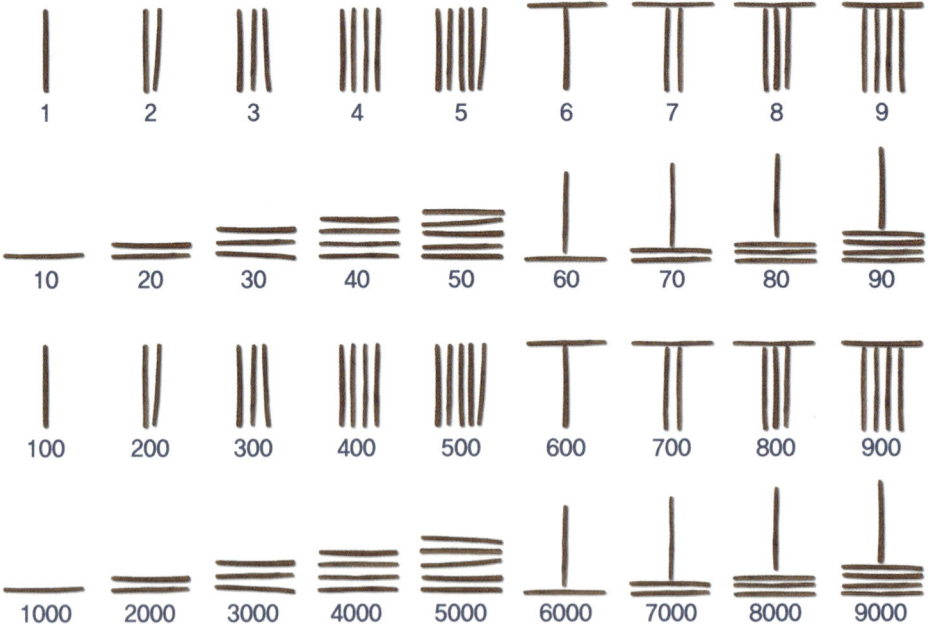

"이제야 숫자대로 산가지 놓는 법을 배웠는데, 셈은 어떻게 하는 거지?"

개똥이는 산가지로 57을 나타내는 것도 힘들어 보입니다.

"할아버지, 다 했습니다. 정답은 48채입니다."

제일 어린 정하가 손을 번쩍 들고 답했습니다. 아이들은 옹기종기 정하의 자리에 와서 정하의 산가지를 보기 바쁩니다.

"오호, 어떻게 했느냐?"

"먼저 산가지로 57을 만들었습니다. 그런데 빼려는 숫자가 7보다 큰 수라 십의 자리 숫자를 다시 47로 만들고 10을 산가지 10개로 만들었습니다. 거기에서 9를 덜어내면 10으로 만들었던 산가지는 1개가 남고, 아까 남겨져 있던 7을 더하면 48이 됩니다."

정하는 배우지도 않은 셈을 눈 깜짝 할 사이에 해냈습니다. 정하의 사촌들은 그제야 고개를 흔들며 자기 앞에 놓인 산가지를 정하를 따라 이리저리 움직였습니다.

"하하, 우리 집안에서 또 유능한 산학자가 나오겠구나. 이 할아비의 뒤를 이을 사람 말이다."

조선 시대에 수학은 '산학'이라 불렸습니다. 정하의 집은 대대로 산학을 연구하는 산학자 집안이었습니다. 친할아버지도 외할아버지도 '산학 시험'에 통과해 궁에서 산학을 가르치기도 했습니다.

막대기를 가지고 숫자를 나타내는 것이 신기했던 정하는 전날 밤에 달빛에 나뭇가지를 놓으며 셈을 했습니다. 그래서 할아버지 질문에 쉽게 답을 했던 것이지요.

'나도 열심히 공부해서 할아버지처럼 멋진 산학자가 되어야지!'

정하는 아주 어릴 때부터 산학자가 되는 꿈을 꾸었습니다.

오늘도 달밤에 밖으로 나온 정하는 산가지로 놀이를 합니다. 할아버지처럼 재미있는 문제를 내고 혼자 피식 웃기도 했습니다.

'세상에 돼지가 1478마리 있는데 그중에 내가 돼지고기 267마리를 먹고, 남아 있던 암퇘지가 또 새끼를 568마리 낳았고, 나는 또 돼지고기를 124마리 먹었다면 세상에 돼지는 얼마나 남았을까?'

정하는 괜스레 배가 불러와서 배를 한번 통통 치고는 산가지를 바쁘게 움직였습니다.

2 어떻게 하면 쉽게 풀 수 있을까?

정하는 산학 공부를 계속했습니다. 하지만 함께 공부했던 사촌들 중에는 산학을 포기하는 아이들이 많았습니다. 아이들은 산학을 재미있어 하는 정하를 도깨비 보듯 바라보았습니다.

"분명 무언가에 홀린 게야. 셈이 재미있다니 말이 되니? 난 숫자만 봐도 머리가 지끈거리는데."

아이들이 수군거려도 정하는 산학에 흥미를 잃지 않았습니다. 산학에 끊임없이 질문을 던지기도 했지요.

'할아버지가 알려 주신 방법도 좋지만 좀 더 쉽게 문제를 해결할 방법은 없을까?'

늘 방법을 고민한 덕분에 정하는 좀 더 쉽게 답을 찾아내기도 했습니다. 정하의 설명을 듣고, 산학을 싫어하던 아이가 다시 산학을 좋아하게 되기도 했습니다.

정하가 성인이 되자, 할아버지는 정하에게 산학 시험을 보라고 권했습니다.

"이제 숫자를 방 안에서만 굴러다니게 하지 말고, 사람을 이롭게 하는 데 쓰거라."

'할아버지, 저는 그저 산학이 재미있어 공부했습니다. 산학이 사람에게 어떤 이로움을 주는지는 잘 알지 못합니다. 산학을 공부하는 것은 어떤 이로움을 줄 수 있습니까?'

이미 산학에서 할아버지를 앞섰지만 정하는 늘 겸손했습니다. 그런 모습을 보고 할아버지는 정하가 좋은 산학자가 될 것이라 생각했습니다.

"산학은 모든 관리들이 알아야 하는 것이다. 세종대왕 때부터는 모든 관리들이 산학을 배우게 되었지. 하지만 산학자는 일반 관리들보다 더 많은 산학을 알아야 한다. 물론 아는 것으로 다 되는 것은 아니다. 전에 두 산학자가 있었다. 두 산학자는 모두 넓이를 정확하게 구할 수 있었지. 한 산학자는 임금님의 명에 따라 넓이를 정확하게 재서 여러 과학 기구들을 오차 없이 만들어냈다. 다른 산학자는 강원도 논의 넓이를 재서 각 집마다 정확한 세금을 걷으라는 명을 받았다. 두 번째 산학자는 자기가 잰 논의 크기를 속여서 실제 자기가 잰 논보다 더 작게 보고했다. 논의 주인에게는 세금으로 쌀을 더 많이 걷었고, 조정에 운반하는 쌀은 적었지. 그 산학자가 중간에 쌀을 가로챈 것이다."

홍정하는 할아버지의 말을 이해할 것 같았습니다.

"늘 더 많이 알고 있는 사람에게 산학을 배우고, 지식을 가장 정직하게 써야 한다."

홍정하는 할아버지의 말을 명심했습니다. 그길로 시험을 치른 홍정하는 산원 시험에 우수한 성적으로 합격했습니다. 그리고 궁궐에 들어가 산원의 일들을 맡았습니다.

홍정하는 나라의 돈이 어떻게 사용되는지, 중간에 잘못 빠져나간 곳은 없는지를 검토하는 회계업무를 맡기도 하고, 각 지역에서 세금이 잘 걷어지는지 확인하는 일도 맡았습니다. 할아버지의 말대로 중간에 피해를 입는 백성들이 없는지 꼼꼼하게 살폈습니다. 땅의 크기가 잘못 재어진 곳이 있다면 직접 가서 바르게 재기도 했습니다. 하지만 여러 일 중 홍정하가 가장 즐거워한 일은 따로 있었습니다.

"제가 다녀오겠습니다!"

어린 관리들에게 산학을 가르칠 사람을 찾는다는 말에 홍정하가 손을 번쩍 들었습니다. 산학을 어려워하는 어린 관리들에게 산학을 가르치는 건 고양이가 나비를 쫓을 때처럼 신나는 일이었습니다. 쉽게 가르쳐서 그들이 깨닫게 되면 더할 나위 없이 좋았지요. 산학 문제를 함께 풀며 관리들이 새로운 방법을 내 놓기도 했습니다. 홍정하는 그들의 새로운 생각들을 발견하는 것도 좋았습니다.

홍정하가 관리들을 향해 다가갔습니다. 젊은 관리들은 무언가 재미있는 것을 발견했는지 삼삼오오 모여 감탄하고 있었습니다.

"무엇들 하고 있소?"

젊은 관리들의 중간에는 정대위가 쓴 《산법통종》이 놓여 있었습니다.

"이 책 속에 있는 마방진을 보고 있었습니다. 어떻게 이런 것을 만들어 냈는지 감탄하면서요."

"마방진이요?"

마방진은 가로와 세로에 같은 수의 칸을 만들고, 그 안에 숫자를 적은 판을 말합니다. 칸 안에 들어 있는 숫자는 세로와 가로로 어떻게 더하든 같은 값이 나와야 합니다. 《산법통종》에는 가로, 세로 각각 10칸에 1부터 10까지의 숫자를 적어 그 합이 505가 되도록 만들어 놓았습니다.

마방진을 뚫어져라 쳐다보던 홍정하의 눈이 커졌습니다.

"이 마방진은 틀렸군요."

"네?"

마방진이 틀림없다 생각했던 관리들의 눈도 커졌습니다.

"산학은 항상 답이 옳은지 의심해 봐야 하오. 무조건 믿어 버리면 틀린 답을 내기 일쑤지. 자, 이 숫자들을 가로나 세로로 더하면 505가 나오지

만 대각선으로 더하면 다른 수가 나옵니다."

관리들은 얼른 셈을 해 보았습니다. 홍정하의 말대로 숫자를 대각선으로 더하자 다른 수가 나왔습니다. 홍정하는 이 오류를 지금껏 아무도 고

치지 않았다는 것에 의문이 들었습니다. 대단한 산학자의 것이라 아무 의심 없이 믿어 버린 탓 같았습니다. 홍정하는 마방진을 두고 옆에 여러 숫자를 적어 셈을 시작했습니다.

"되었소. 이제 어떻게 하든 같은 수가 나올 것이오."

책을 건네받은 관리는 얼른 다시 셈을 해 보았습니다. 정하의 말대로 이제는 어떻게 더해도 같은 수가 나왔습니다.

"아니 이걸 어떻게 금세…."

젊은 관리들은 입을 다물지 못했습니다. 하지만 홍정하는 조금도 우쭐하지 않았습니다.

집으로 돌아온 홍정하는 자신이 쓰던 책에 옳은 마방진을 그려 넣었습니다.

3 중국 대산학자와의 만남

'산학을 좀 더 배우고 연구할 기회가 없을까?'

　조선 시대에 산학자는 중인 신분이었기 때문에 쉽게 해외에 갈 수 없었고, 새로운 산학책을 구하기도 어려웠습니다. 때문에 홍정하는 늘 부족한 책과 공식들에 아쉬움이 있었습니다. 그때 좋은 소식이 들려왔습니다.
　"중국에서 하국주가 온다 합니다!"
　홍정하의 산학 동료인 유수석이 한달음에 홍정하의 집까지 달려왔습니다.
　"뭐요? 하국주 선생님이 온다고요?"
　하국주는 중국 역관으로 산학에 뛰어난 사람이라 알려져 있었습니다. 홍정하는 지금껏 알지 못했던 산학법을 배우는 기회가 될 것 같아 기뻤습니다.

"그나저나 조선에는 무슨 일로 온단 말이요?"

"조선의 위도를 측정하기 위해 온다 합니다!"

"중국에서 세계전도라도 만드나 보군. 그나저나 우리가 하국주 선생님을 만날 기회가 있소?"

"돌아가기 전 이틀의 여유가 있다 합니다. 소문을 듣자하니, 하국주 선생님도 조선의 산학에 관심이 있다고 했습니다. 우리가 찾아가면 만날 수 있을 것입니다."

홍정하와 유수석은 하국주와 함께 온 중국의 사신들을 먼저 만나 약속을 잡았습니다. 두 사람에게는 하국주와의 만남을 기다리는 시간이 평생처럼 느껴졌습니다.

드디어 약속한 날이 다가오고, 홍정하와 유수석은 하국주가 묵고 있는 곳으로 찾아갔습니다.

하국주가 반갑게 두 산학자를 맞았습니다.

"안녕하시오."

"조선에 잘 오셨습니다. 저희는 조선에서 산학을 연구하는 사람들입니다. 저희에게 가르침을 주시면 조선 산학 발전에 도움이 될 것 같습니다."

홍정하는 겸손하게 고개를 숙였습니다. 하국주는 겸손한 홍정하에 말에 콧대를 더 세우고 말했습니다.

"조선의 산학이라…. 난 조선의 산학자 이름은 들어본 적이 없소. 자네들이 진짜 산학자라면 수준이 어느 정도 되는지 알고 싶군."

하국주의 오른쪽 입술이 살짝 올라갔습니다.

"내가 문제를 내겠소. 자네들이 풀어 보시오. 360명이 한 사람마다 은 1냥 8전을 낸다면 합계는 얼마나 되겠소? 그리고 은 351냥이 있소. 한 섬의 값이 1냥 5전이라면 몇 섬을 구입할 수 있겠소?1냥은 10전과 같아요"

하국주는 간단한 곱셈과 나눗셈 문제를 냈습니다. 조선의 산학자들을 무시한 문제였습니다.

"앞 문제의 답은 648냥이고, 다음 문제의 답은 234섬이 되옵니다."

홍정하는 머릿속으로 금세 계산하고 답을 말했습니다. 조선의 산학자가 쉽게 문제를 풀자 하국주는 문제의 난이도를 조금씩 높였습니다.

"정사각형의 넓이가 225평방자일 때 한 변의 길이는 얼마요?"

"15자입니다."

이번엔 유수석이 답했습니다. 사각형의 넓이는 가로의 길이 곱하기 세로의 길이인데, 정사각형은 가로와 세로의 길이가 같기 때문에 제곱을 해서 225가 되는 수를 찾으면 쉽게 풀 수 있는 문제였습니다.

이 문제 또한 쉽게 풀어내자, 하국주는 복잡한 방정식과 도형 문제들을 냈고, 홍정하와 유수석은 모든 문제를 풀어냈습니다. 어려운 방정식 문제도 산가지를 이용해서 빠르게 해냈습니다. 조선의 산학을 무시했던 하국주는 조금씩 당황했습니다.

'조선의 산학이 대단하군. 저 나뭇가지를 움직여 계산하는 것 때문에 산학이 발전한 것인가?'

하국주의 당황한 모습을 보고 있던 중국 사신이 하국주의 체면을 살리려는 듯 말참견을 했습니다.

"여기 계신 하국주 어른은 천하에서 계산을 가장 잘 하는 분이요. 모든 계산법은 다 알고 계시지. 당신들과는 견줄 바가 못 되오. 지금까지 하국주 어른이 질문을 계속 했는데 여러분도 문제를 내야 하지 않겠소?"

중국 사신의 말을 들은 하국주도 그 의견에 동의했습니다.

"흠흠, 내가 생각했던 것보다 조선의 산학은 발전했구려. 어디 이번엔 자네들이 문제를 내 보시게."

문제를 내는 것으로 중국의 산학을 자랑할 수 없었던 하국주는 조선 산학자들보다 더 빠르게 문제를 풀어 다시 콧대를 세우려 했습니다.

"네, 그럼 이번엔 제가 문제를 내겠습니다."

홍정하는 처음과 마찬가지로 겸손하게 고개를 한 번 숙이고는 문제를 읊기 시작했습니다. 얼마 전에 홍정하가 해결한 문제였습니다.

홍정하의 문제를 가만히 듣고 있던 하국주의 얼굴이 어두워졌습니다.

"그것은 매우 어려운 문제요. 지금 당장 풀 수 없으니, 내일까지 답을 주도록 하겠소."

조선의 산학자들을 망신 주려 했던 하국주와 중국 사신은 조선의 산학 수준에 놀랐습니다. 콧대를 납작하게 해 주려 시작했던 문제에 자신들의 콧대가 밟히고 만 것이지요.

4 겸손함으로 완성한 책 《구일집》

중국의 대산학자를 이긴 홍정하는 조금도 우쭐하지 않았습니다. 그리고 하국주와 대화를 나누며 배웠던 내용을 하나하나 기억해 보았습니다.

'오늘도 새로운 산학을 배웠구나. 이것을 잘 정리해서 후대에 남겨야지.'

집으로 돌아온 그는 풀이법을 잊지 않기 위해 새로운 문제를 스스로 내고, 다시 또 풀어 보기도 했습니다.

'사람들에게 산학을 쉽게 알려 주려면 어떻게 해야 할까?'

평생 이 질문을 했던 홍정하는 이미 풀었던 문제들도 더 쉽게 풀 수 있는 법을 연구했고, 자기보다 신분이 낮은 사람이라도 산학을 잘하는 사람이 있다면 찾아가 배웠습니다. 이렇게 연구한 산학들은 전부 꼼꼼하게 기록해 두었습니다. 사람들이 산학을 쉽게 이해하도록 돕고 싶었기 때문입니다.

산학을 쉽고 재미있게 가르치기 위해 조금씩 정리하던 책은 어느새 아홉 권이나 되었습니다. 홍정하는 이 책에 《구일집》이라는 이름을 붙였습니다.

'이 아홉 권의 책으로 사람들이 산학을 재미있게 배웠으면 좋겠구나.'

《구일집》에는 신비로운 수의 규칙인 파스칼의 삼각형, 이항계수 정리와 중국보다 훨씬 앞섰던 고차방정식 풀이까지 적혀 있었습니다. 방정식의 풀이는 조선만의 이론으로 정리했습니다. 또한 홍정하는 두 수의 최대공약수 최소공배수의 수학적 구조 또한 완벽하게 얻어냈습니다. 이것은 조선 수학의 업적으로 가장 뛰어난 것이었습니다.

9권의 경우 첫 부분에 천문학에 관한 것도 적어, 수학이 다양하게 활용되고 있음을 알려 주기도 했습니다.

나이가 든 홍정하는 자신이 만든 《구일집》으로 학생들을 가르쳤습니다.

"자, 이제 알겠느냐?"

백발이 성성한 산학교수 홍정하는 쉽게 가르치는 선생님으로 인기가 많았습니다.

"네, 선생님의 ≪구일집≫을 보니 이해가 됩니다."

"허허, 다행이구나. 정직하고 겸손한 마음으로 연구하면 너희들이 나보다 더 많은 것을 발견할 수 있을 거다."

홍정하의 교실에서는 산가지 움직이는 소리가 끊이지 않았습니다.

질문 있어요!

Q 숫자를 연구하는 직업에는 무엇이 있어요?

A 과거-산원

산원은 호조에 속한 관직으로 산학과 관련된 일을 하던 사람들이에요. 홍정하도 산원이었지요.

세종대왕은 "산학이란 역법에만 쓰는 것이 아니다. 병력을 동원한다든가 토지를 측량하는 일이 있다면 이를 버리고는 달리 구할 방도가 없으니 뛰어난 자를 선발하여 보고하게 하라."라고 말하며 산학 연구하는 사람들을 뽑았고, 성균관에서 산학을 가르치기도 했어요. 직접 산학을 배우기도 했지요. 그만큼 산학은 중요한 학문이었고, 산원 또한 중요한 직책이었어요. 하지만 지금처럼 옛날 사람들도 수학은 어려워했어요. 돈을 관리하는 회계의 업무는 돌아가며 맡으려 했고, 수학과 관련된 벼슬도 하고 싶지 않아 했지요.

물론 홍정하처럼 산학을 좋아하는 사람들도 있었어요. 산학을 연구하던 집은 산학을 가업으로 여기고 산학자 집안을 만들기도 했어요.

산학 쪽에 속한 관리들은 교수처럼 수학교육을 맡았지만 그 밖에 땅 크기와 수확량의 측정, 정부 물품의 관리, 물품을 받는 공납 업무 등도 처리했어요. 따라서 산원은 정직한 사람이어야 했어요.

산가지

A 현재- 세무사

세무사는 과거의 산원들이 하는 일과 비슷한 일을 해요. 조선 시대에는 땅의 크기와 수확량에 따라 나라에 세금을 냈지만, 현재는 돈을 얼마나 버는지에 따라 세금이 달라져요. 돈을 많이 버는 사람은 세금을 많이 내고, 돈을 적게 버는 사람은 세금을 적게 내지요. 또 여러 가지 법에 따라 세금을 줄여 주기도 하고, 세금을 많이 받기도 해요. 복잡한 세금법을 전부 알거나, 세금 계산법을 모든 사람들이 알 수 없기 때문에 세무사가 있는 거예요.

세무사는 다른 사람의 세무 업무를 전부 대신해 주기도 하고, 납세자(세금을 내는 사람)에게 가장 유리한 절차를 알려 주기도 해요.

A 통계연구원

'10년 동안 우리나라 학생은 수학을 더 좋아했을까? 과학을 더 좋아했을까?'

이 질문을 해결하기 위해서는 설문조사를 해야 해요. 10년 동안 설문조사한 결과를 모아서 각 퍼센트를 내고, 보기 좋게 그래프를 만들어요. 이런 일을 하는 사람이 바로 통계연구원이에요. 통계연구원은 기업에서 추진하려는 사업이 사람들이 관심 있어 하는가에 대한 통계를 내서 기업에 도움을 주는 일을 주로 해요.

국가기관인 통계청에 속해 있는 통계연구원들도 있어요. 통계청에서는 다양한 통계를 종합하고, 통계를 작성하는 기준을 만들어 주기도 해요. 통계청에서 모은 자료들은 정부의 정책을 세울 때도 사용된답니다.

통계연구원

⑥ 원리에 질문을 던진 최천약

1684 (숙종10) — 출생(추정)

1713 — 중국에서 천문 기기 제작법을 배워 옴
옥으로 만든 인장인 옥인 제작에 참여함

1731 — 왕실의 석물이나 능묘를 만듦
유척을 통일함
자명종 제작

1741 — 악기 만드는 것을 감독함

1742 — 물시계 제작

1755 (영조31) — 사망(추정)

최천약 선생님의 질문

어떤 원리로 움직이는 것일까?

원리에 질문을 던진 최천약 선생님을 통해 원리를 찾고, 끈질기게 탐구하는 '과학자'로서의 직업정신을 배워요!

1 만능재주꾼에게 찾아온 기회

두근, 두근.

무관을 뽑는 과거 시험을 마치고, 관리가 합격자 명부를 들고 사람들 앞에 섰습니다. 긴장한 사람들의 입이 한 일자 모양으로 딱딱하게 굳어갔습니다. 드디어 관리는 한 사람씩 이름을 부르기 시작했습니다.

'제발, 제발.'

동래부에서 한성으로 과거 시험을 보러 온 최천약도 마음속으로 빌고 또 빌었습니다. 이번에는 꼭 붙어야만 했습니다. 최천약은 시골에서 기다리고 있을 가족들 생각에 눈을 꼭 감았습니다.

"합격자는 여기까지입니다!"

'어?'

'최천약'이라는 이름은 끝까지 불리지 않았습니다.

'하아, 무슨 낯으로 집에 돌아간담.'
　이번엔 꼭 무관이 되어서 한성 구경을 시켜 주마 약속하던 자신의 모습이 떠올랐습니다. 호박꽃처럼 환하게 웃던 아내의 얼굴과, 손뼉을 치며 깔깔거리던 아이들이 눈에 선합니다.

'에라이! 난 벼슬할 팔자는 못 되나 보군.'

축 처진 몸을 이끌고 발길이 닿는 대로 걸어왔더니 어느새 시전 앞까지 오고 말았습니다. 갖가지 물건들이 놓여 있는 시전에는 아내와 어울릴 옥비녀도, 딸 순이에게 어울릴 복주머니도 있습니다. 최천약은 비녀를 만지작거렸습니다.

"최 씨, 이번에도 떨어졌는가?"

지난 일주일 동안 묵었던 약방집 주인이 쫓아와 물었습니다. 시전을 돌다가 축 처져 있는 최천약을 발견한 것입니다.

"네…. 이번이 몇 번째인지 참…."

"아니, 자네 실력이라면 당연히 붙을 거라 생각했는데 이상하구먼. 합격 명부에 들어간 사람들은 벼슬하려고 하늘에서 떨어진 사람인가 보네. 그나저나 바로 고향으로 갈 생각인가?"

약방 주인이 안쓰러운 눈길을 보냈습니다.

"동래부까지 언제 가려나 모르겠습니다. 그 먼 길을 왔는데 떨어지니 참 허망하네요. 에휴."

최천약은 깊은 한숨을 내쉬었습니다.

"지금은 가뭄이라 동래부까지 가는 동안 굶어죽고 말 걸세. 어디 지나가는 마을마다 내 줄 보리밥 한 그릇도 없을 거란 말이야. 그러지 말고 우리 집에서 좀 더 쉬다 가세나. 내 방 한 칸 내줄 터이니."

최천약이 안쓰러웠던 약방 주인은 공짜로 방 한 칸을 내주었습니다. 최천약은 며칠 더 약방에서 묵기로 했습니다. 공짜로 묵는 것이 미안해 약방 주인을 따라 가뭄에 바싹 말라 버린 약초를 따러 가기도 하고, 말린 약재들을 자르는 일도 함께했습니다. 바삐 일하고 밤이 되어 다시 방에 돌아오면 또다시 가족들 생각이 났습니다. 시험에서 떨어졌다는 사실이 새삼 괴롭게 느껴졌습니다.

최천약은 벌떡 자리에서 일어났습니다. 바쁘게 무엇이라도 하지 않으면 항아리에 물이 차듯 머릿속에 걱정들이 차올랐기 때문입니다.

그때 최천약의 눈에 약재로 쓰려고 낮에 잘라 말려 둔 천궁이 보였습니다. 최천약은 좀이 먹어서 구별해 놓았던 천궁들을 다시 주워 왔습니다. 그러고는 주머니에 넣어두었던 작은 칼로 조각을 하기 시작했습니다. 천궁은 나무 조각처럼 단단해서 조각하기에 안성맞춤이었습니다. 최천약은 조각한 천궁들을 일렬로 세워두고 잠이 들었습니다.

"이보게, 어이!"

아침이 다시 밝았습니다. 약방 주인이 최천약을 흔들어 깨웠습니다. 최천약은 새롭게 시작된 하루가 반갑지 않은 듯 천천히 몸을 일으켰습니다.

"어르신, 오늘은 어떤 일을 하면 될까요?"

아침 햇살에 약방 주인의 얼굴이 아닌 엉덩이가 비쳤습니다. 집 주인은 최천약에게 등을 돌린 채 천궁 조각들을 뚫어져라 쳐다보았습니다.

"과거 시험에 붙은 사람들이 벼슬하려고 태어난 사람들이라면, 자네는 예술을 하려고 태어난 사람이구먼. 허허."

약방 주인은 천궁 조각들을 조심스레 만졌습니다. 천궁에는 작은 꽃들과, 용이 새겨져 있었습니다. 꽃에서는 금방이라도 이슬이 떨어질 것만 같고, 용은 금방이라도 방으로 뛰쳐나올 것 같았습니다.

사실 최천약은 고향에서 손재주 좋은 사람으로 유명했습니다. 다들 손재주로 벌어먹고 사는 일을 하라 부추겼지만 최천약은 무관이 되고 싶었습니다.

"이걸 내가 방값으로 가지고 가도 되겠나?"

"가져가셔도 좋습니다만 좀먹은 천궁을 어디에 쓰려고 하십니까?"

최천약은 조금이라도 방값을 한 것 같아 다행이라는 생각이 들었습니다. 집 주인은 조각들을 약방 가장 잘 보이는 곳에 올려놓았습니다.

"어허, 이 조각은 조선 사람의 것인가?"

며칠 뒤 약을 사러 온 양반도 천궁 조각을 보고 감탄했습니다.

"중국에서 보았던 조각들보다 훨씬 뛰어나구나. 안 그래도 옥을 다듬을 사람을 찾고 있던 참인데, 이 조각을 한 사람이 누구인가?"

약방 주인은 금세 최천약을 불러왔습니다. 양반은 최천약 앞에 옥을 내밀었습니다. 계곡물처럼 푸른 옥이 반짝였습니다.

"최고급 옥이네. 이걸 다듬어 줄 수 있겠나?"

"네? 이렇게 좋은 옥은 처음 봅니다. 맡겨만 주시면 다듬어서 내일 드리겠습니다."

"내일이라? 그렇게 빨리 된단 말이냐. 알겠다. 조심해서 다루도록 하게."

 최천약은 옥을 다듬어 돈을 받으면 아이들과 부인에게 줄 선물을 사 가야겠다고 생각했습니다. 그 생각으로 밤새 옥을 다듬고 또 다듬었습니다.

 다음 날이 되어 양반이 약방으로 들어왔습니다. 최천약은 무명천에 싼 옥을 살며시 내밀었습니다. 천을 벗겨내고 양반은 옥을 이리저리 살폈습니다. 약간의 흠조차 찾을 수 없었습니다. 아니, 이렇게 잘 다듬어진 옥은 처음 보았습니다. 최천약의 손으로 다듬은 옥은 전보다 더 맑고 투명했습니다.

 "하하하, 솜씨가 대단하구먼. 나는 서평군 이요일세. 자네 나와 함께 궁에 들어가지 않겠나?"

 옥을 맡긴 양반은 숙종 임금의 친척인 서평군이었습니다. 그렇지 않아도 궁의 옥을 다듬을 사람을 찾고 있던 차에 최천약을 만나게 된 것입니다.

 "구, 궁이라 하셨습니까? 그럼 제가 벼슬을 할 수 있다는 말입니까?"

 "그렇네."

 "그, 그럼 제가 무관이 될 수 있단 말입니까?"

 "허허, 자네 무관이 되고 싶은가? 그렇다면 무관으로 자네를 추천해 주겠네."

 과거 시험에 떨어진 후 고향에 돌아가서 무엇을 해야 하나 고민하던 최천약에게 다시 기회가 주어졌습니다.

2 새로운 기술들을 배워서 조선에 알려야지!

최천약은 꿈에 그리던 궁에 들어가게 되었습니다. 무관으로 벼슬을 했기 때문에 궁의 문을 지키며 군사 훈련에도 참여했습니다.

"하아암. 하루 종일 궐문을 지키려니 손에 좀이 쑤시는구먼."

곧은 자세로 서서 굳은 얼굴로 궁궐 문을 지키는 일은 최천약에게 맞지 않았습니다. 자꾸만 하품이 쏟아지고, 눈꺼풀이 무거웠습니다.

꿈에 그리던 무관이 되었지만 최천약은 여전히 손가락을 움직여 무언가 만들어 내는 일이 좋았습니다. 이런 최천약을 잘 아는 관리들은 선조에게 최천약을 추천해 궁궐의 조각하는 일들을 하게 했습니다.

최천약의 손을 거치면 옥도장이나 의례도구, 비석들이 새 생명을 얻었습니다. 최천약은 오늘은 만드는 일이 없는지, 부르러 오는 사람은 없는지 궐 안을 휘 둘러 보았습니다.

그때 최천약을 무관으로 천거했던 서평군이 궐문 앞에 나타났습니다.

"서평군 마마, 밤새 무고하셨는지요."

"그렇네. 자네, 무관이 되니 좋은가?"

"네, 서평군 어른께 은혜를 많이 입었습니다."

"허허, 자네는 내가 아니라 자네 손재주에게 은혜를 입은 것 같네만. 임금님께 자네 이야기를 드렸더니 자네에게 새로운 일을 맡기라 명하시더군. 어서 관상감에 가 보시게나."

관상감은 조선 시대에 천문학, 지리학 등을 맡아서 보던 관청이었습니다. 최천약은 영문도 알지 못하고 관상감으로 향했습니다.

관상감에 도착하자 조태구가 최천약을 맞았습니다.

"자네 이야기는 서평군 대감에게 자주 들었네. 마침 관상감에 의기 만드는 기술자가 필요해 자네를 불렀네."

"예? 의기요?"

의기는 천문학을 연구하기 위해 필요한 기구들을 말합니다. 조선 시대에는 농업을 중요하게 생각했기 때문에 비가 언제 오는지, 날이 언제 짧아지는지 등 날씨와 시간에 관한 것이 중요했습니다. 그러니 천문학을 중요하게 생각할 수밖에 없었지요. 그래서 천문학을 연구하는 기기들에 '사람을 의롭게 하는 그릇'이라는 뜻으로 '의기'라는 이름을 붙여 주었습니다.

최천약은 천문학에 대해 잘 알지 못했지만, 관상감에 놓여 있는 물시계, 자격루, 혼천의 등 정교한 의기들을 보자 얼른 만들고 싶다는 생각을 했습니다.

"열심히 배워서 만들어 보겠습니다!"

최천약은 신이 나서 천문학 서적들을 뒤져가며 의기들을 만들었습니다. 먼저 원리를 파악하고 만드니 쉽게 만들 수 있었습니다. 최천약은 얼마 지나지 않아 다양한 의기들을 만들어냈습니다. 사람들은 최천약의 솜씨에 놀라지 않을 수 없었습니다.

그 후에는 옥으로 도장을 조각하는 일을 감독하게 되었습니다. 옥을 조각해 오던 신하들이 너무 늙어 대신할 사람이 필요했기 때문입니다. 이때부터 '최천약은 조각의 묘수'라는 말이 퍼져나갔습니다.

최천약의 정교한 솜씨가 소문이 나자, 숙종은 최천약을 불렀습니다.

"자네가 통신사로 일본에 좀 다녀와야겠네. 일본은 서양 문물이 많이 들어왔다더군. 자네가 보고 조선에 필요한 기술은 익혀 오게."

조선 후기에 청나라와 일본에는 많은 서양 기술들이 들어왔습니다. 우리나라보다 기술이 뒤처져 있던 일본은 무기나 천문학 등의 기술을 받아들이며 과학 기술이 발전했습니다. 하지만 조선은 여전히 기술자들을 천하게 생각해서 기술을 배우려고 하지 않았습니다. 자연스레 과학 기술이 청이나 일본에 뒤처지게 되었지요.

배를 타고 일본에 도착한 최천약은 깜짝 놀랐습니다. 물이나 태양이 없이도 스스로 시간을 알려 주는 기계부터 하늘을 가까이에서 볼 수 있는 기구까지 없는 것이 없었습니다.

'사람의 손으로 만들 수 있는 건 여기 다 있구나. 이 기기들의 원리는 뭘까?'

최천약은 새로운 물건들을 찬찬히 살피며 원리를 연구하기 시작했습니다.

3 어떤 원리일까?

최천약의 꿰뚫어 관찰하는 눈과 섬세한 손은 점점 발전해나갔습니다.

어느 날 한 관리가 한성문의 현판을 탁본*하라는 명을 받고 고민에 빠졌습니다. 막막해 하던 관리는 때마침 최천약이 지나가자 반가워하며 최천약을 붙잡았습니다.

"탁본을 수집하는 일을 맡았는데, 저 한성문의 현판은 너무 크고 높이 달려 있어서 도저히 찍어낼 수 없으니 어쩌면 좋겠나?"

관리의 말에 최천약은 현판을 가만히 바라보았습니다. 최천약이 한참 동안 아무 말도 하지 않고 현판만 보고 있자 관리는 화가 났습니다.

> **탁본** 굴곡이 있는 조각물에 종이를 대고, 먹물을 묻혀 똑같은 모양으로 찍어내는 것을 말합니다. 현대의 판화와 같은 것이지요.

"이보게, 지금 현판에 감탄하고 있을 때인가? 어서 방법을 일러 주게나."

최천약은 갑자기 손을 움직이기 시작했습니다. 붓을 쥐고 손으로 글자를 적어내려 가더니 관리에게 쓴 것을 내밀었습니다. 관리는 화가 머리끝까지 났습니다.

"아니, 나는 글을 써 달라 한 것이 아니라 탁본하는 법을 물어본 걸세."

씩씩거리던 관리는 화선지를 펼쳐보고 깜짝 놀랐습니다. 최천약이 준 화선지에 마치 탁본을 한 듯 현판과 똑같은 글씨가 쓰여 있었습니다. 순식간에 눈으로 보고, 똑같이 만들어 낸 것입니다. 정교하고, 꼼꼼한 기술이 필요한 곳에는 언제나 최천약을 부른 이유가 이 때문이었습니다.

정확하게 맡은 일을 해 내는 모습은 깐깐한 영조 임금님의 마음에도 쏙 들었습니다. 최천약의 손재주를 귀하게 여겼던 영조는, 최천약을 불러 청나라에 다녀오라 명했습니다. 청나라로 떠나는 최천약에게는 '방료군관'이라는 직책이 맡겨졌습니다. '방료군관'은 말에게 먹이를 주는 직책이었습니다.

영조는 최천약을 조용히 불렀습니다.

"자네에게 말의 먹이를 대 주는 직책을 주었네만 자네는 좀 다른 일을 해 주었으면 좋겠네. 청에 가서 청기와 굽는 법, 벽돌 굽는 법, 석탄 만드는 법을 몰래 배워 오게. 이 기술들은 조선에도 쓸모가 많을 것 같네. 또 청나라의 조각들도 보고 배워 오게나."

최천약에게 영조의 밀명*이 떨어졌습니다. 최천약은 청나라에 도착해 몰래 다니며 여러 기술들을 눈으로 익혔습니다. 특히 청기와 굽는 법은 눈 감고도 할 수 있을 만큼 확실하게 배웠습니다. 하지만 청나라의 조각품들은 눈에 들어오지 않았습니다. 전부 최천약의 실력에 미치지 못했기 때문입니다.

'조각들은 내 것보다 못하군.'

그때 최천약의 발길을 잡은 것이 있었습니다.

"어, 전에 일본에서 보았던 게 여기에도 있네."

최천약의 눈에 스스로 돌아가는 시계, 자명종이 보였습니다. 전에 일본에서 보았던 것과 비슷했습니다. 최천약은 자명종 앞에 주저앉아 뚫어져라 바라보았습니다.

'신기한 물건일세. 이건 어떤 원리로 돌아가는 걸까?'

자명종은 자격루보다 훨씬 작아 어디에도 놓을 수 있었습니다. 또 물을 이용하거나 빛을 이용하는 것이 아니기 때문에 어디에서도 스스로 잘 돌아갔습니다.

밀명 다른 사람들 모르게 내린 명령을 말해요.

최천약은 자명종 속을 들여다보았습니다. 자명종 속에는 작은 부품들이 서로 맞물려서 돌아가고 있었습니다. 톱니바퀴 같은 부품을 고정시키는 더 작은 부품도 있었습니다. 조금이라도 크거나 조금이라도 작으면 부품들은 서로 맞물리지 않고, 멈춰 버릴 것입니다.

'어떻게 저런 부품들을 만들었지?'

최천약의 머릿속에 질문이 꼬리를 물었습니다.

4 도량형을 통일하다

'그래! 같은 크기의 부품을 여러 개 만들어 내려면 일단 도량형*을 통일해야 한다!'

청나라에서 돌아온 최천약은 바쁘게 움직였습니다. 여태까지 조선은 길이를 잴 때 각자 자신이 생각하는 길이대로 재기 일쑤였습니다. 몇 뼘으로 길이를 재기도 하고, 자기가 가진 막대기로 길이를 재기도 했습니다. 그러니 같은 길이와 크기로 정해진 물건이라고 해도 만드는 사람마다 다른 물건이 되어 버리기 일쑤였고, 관아에서 곡식을 걷을 때도 서로 다른 무게로 표시되는 일이 많았습니다. 서양에서 좋은 물건이 들어와도, 정확하게 길이를 잴 수 없었기 때문에 같은 물건을 만들어 낼 엄두를 내

도량형 길이, 부피, 무게 따위의 단위를 재는 법을 말해요.

지 못했습니다.

최천약은 이런 도량형을 통일할 생각을 했습니다. 도량형을 통일하면 정교한 물건을 만들 수 있음은 물론, 만든 물건에 대한 기록을 남겨 두면 후대에도 똑같은 물건을 만들어 낼 수 있을 거라고 확신했기 때문입니다.

최천약은 놋을 두드려 긴 자를 만들고 같은 길이를 재서 탄탄하고 정확한 길이의 자를 만들었습니다. 거기에 정확하게 눈금을 새겼고, 용도에 대한 글도 깔끔하게 새겼습니다. 최천약은 다 만들어진 자를 영조 앞에 가지고 갔습니다.

"하하, 역시 하나를 배우라 명하면 둘 셋을 배워오는구먼. 앞으로 최천약이 만든 이 자로 모든 길이를 재도록 하겠다. 이 자를 기준으로 삼아 길이를 재도록 하라."

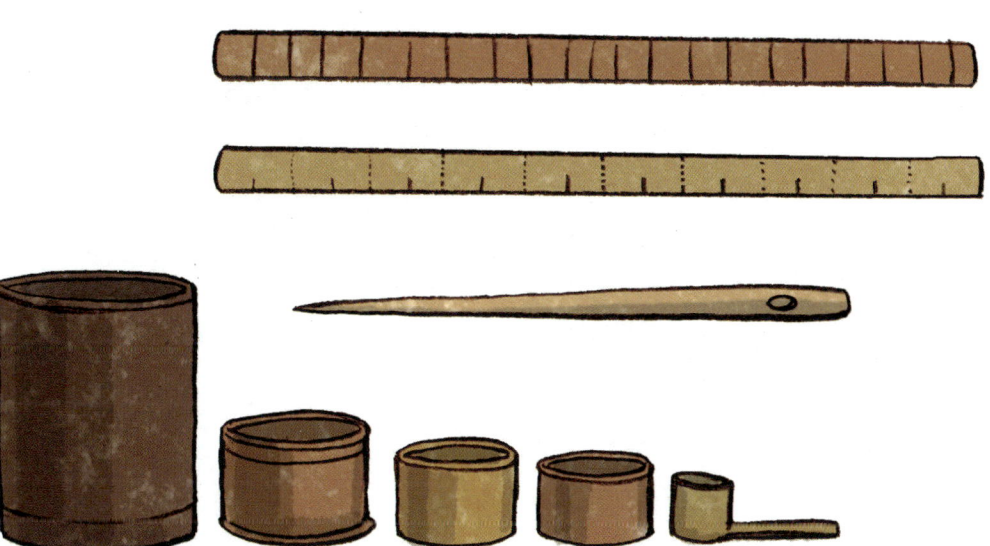

도량형을 통일함으로써 조선의 기술은 한 발 더 앞으로 나아갈 수 있었습니다.

도량형을 정하자 가장 쉽게 만들 수 있었던 것은 화포였습니다. 화포는 수학적인 기술이 많이 필요했습니다. 각도와 길이를 정확히 잴 수 있어야 정확하고 멀리 날아갈 수 있기 때문입니다. 최천약은 자를 이용해서 길이를 정확히 잴 수 있었고, 화약의 양도 정확하게 맞춰 넣을 수 있었습니다.

최천약은 대포 스무 개를 탑재한 네 층짜리 수레를 만들었습니다. 최천약의 발명품 덕에 스무 명의 병사가 어깨에 메고 가야 하는 대포를 한꺼

번에 끌고 갈 수 있었습니다.

  도량형을 통일하자 악기를 만들기도 쉬워졌습니다. 악기는 조금이라도 오차가 있으면 다른 소리를 내기 일쑤입니다. 최천약은 악기를 만들고, 감독하는 일도 맡아서 했습니다.

  정확하게 무언가 만들어야 할 때 최천약은 언제나 자리를 지켰습니다. 최천약은 언제나 새로운 분야를 연구했기 때문에 그의 기술은 계속 발전했고, 영조의 신임은 높아졌습니다. 영조는 과학과 기술에 관련된 것은 언제나 최천약에게 묻고, 그의 뜻을 신뢰했습니다.

5 최천약이 없어 완벽하게 물건을 만들 수 없구나

"최천약 어른, 임금님께서 찾으십니다."

최천약은 얼른 어전으로 향했습니다. 최천약이 들어가자 어전을 둘러싸고 신하들이 고개를 숙이고 있었습니다. 신하들 사이에는 작은 자명종이 놓여 있었습니다. 최천약이 청나라에서 보았던 자명종보다도 더 작았습니다.

"얼마 전에 청에서 들여온 자명종이네. 이 자명종 덕분에 시간을 정확히 알 수 있었는데, 오늘 아침에 바늘이 떨어져 버렸네. 몇몇 기술자들에게 물어보았네만 도무지 고치지 못하는구나. 이것을 고칠 수 있겠나."

그렇지 않아도 청나라에서 돌아온 뒤부터 최천약은 자명종을 만들고 싶어 연구하고 있었습니다. 최천약은 바닥에 놓인 자명종을 잡아 들었습니다.

"전하, 제가 고쳐 보겠습니다."

자명종은 조선에서 시간을 재는 단위인 12시진을 반으로 쪼개서 하루를 24시간으로 나누고 매 시간마다 종이 울리는 방식이었습니다.

최천약은 조심스레 자명종을 열었습니다. 부품들은 손에서 사라져 버릴 것처럼 작았습니다. 최천약은 먼저 바짓단에서 작은 쇠를 꺼내 바늘의 크기와 똑같이 다듬었습니다. 그러고는 자명종이 돌아가는 원리를 찬찬히 살폈습니다.

'전에 청에서 보았던 자명종과 같은 원리로 돌아가는구나. 다만 부속이 너무 작아 사람들은 어찌 고칠 줄 몰랐던 게야. 같은 원리라면 조립하긴 쉽지.'

최천약은 자명종을 열어 부속품을 꺼냈습니다.

"어허, 저러다 아예 못 쓰게 되면 어쩌려고 그러는지."

"에이 최천약이라면 그럴 리 없네. 이미 저 자명종 속을 훤히 꿰뚫어 보았을 것이야."

신하들이 수군거렸습니다.

'시계추가 움직이려면 이건 이 위치에 있어야 하고, 이건 여기에 있어야겠군.'

최천약은 자명종을 다시 하나씩 조립했습니다. 자리를 다 외운 것은 원리를 알기 때문에 가능한 것이었습니다.

닥닥닥탁

시계추가 다시 소리를 내며 돌아갔습니다.

"허허, 신기한 일이로고. 처음 보는 것을 고치다니 대단하네. 허허."

영조가 큰 소리로 웃었습니다. 최천약도 이제야 한숨을 돌리고 미소를 지었습니다.

최천약은 얼마 뒤에 조선의 자명종을 만들어 영조에게 바쳤습니다.

"전하, 전에 전하께서 가지고 계셨던 자명종과 똑같은 것을 만들었사옵니다. 선의 것은 바늘이 헐겁게 딜러 있어서 좀 더 단단하게 달리도록 설계를 조금 바꾸었습니다."

"허허, 자네는 정말 기이한 재주를 갖고 있네. 드디어 조선에서도 자명종을 만들 수 있게 되었구먼."

영조는 최천약이 조선의 신하라는 것이 자랑스러웠습니다.

영조가 최천약의 실력을 얼마나 신뢰했는지 알 수 있는 일화가 또 있습니다. 한번은 개성에서 고려 말의 충신이었던 정몽주를 가리는 비석을 세우는데 최천약이 비석의 글씨를 새기게 되었습니다. 글씨가 다 새겨지고, 비석이 세워진 길을 영조가 지나가게 되었습니다.

"허허, 저 글씨는 최천약이 새긴 것이로구나. 저렇게 새길 수 있는 이는 최천약 밖에 없다."

영조는 최천약의 솜씨를 단번에 알아보았습니다.

한낱 무관이 임금의 총애를 받으니, 다른 신하들은 시기했지만, 최천약이 만든 자명종이나 비석, 옥인들을 보고는 한 마디도 하지 못했습니다.

최천약은 여러 임금들의 총애를 받으며 악기 제작, 비석 조각 등 다양한 일을 맡아서 했습니다. 조선 전기에 신이 내린 과학자가 장영실이라면 조선 후기에는 최천약이라는 말이 나올 정도였습니다.

최천약은 죽기 전까지 새롭게 들어오는 서양 문물들을 연구하고, 조선의 기술 수준을 끌어 올리려 애썼습니다.

'조선의 자명종 명인'이라는 자랑스러운 이름을 가지고 최천약이 세상을 떠나자 영조의 다음 왕인 정조와 대신들은 한탄했습니다.

"최천약이 없어 완벽하게 물건을 만들 수 없다."

질문 있어요!

Q 원리를 연구한 조선 시대 과학자는 또 누가 있어요?
A 조선 시대에 비행기를 만든 정평구

라이트 형제보다 먼저 하늘을 난 조선 사람이 있어요. 1592년에 하늘을 날았던 정평구랍니다. 라이트 형제보다 300년이나 앞서 하늘을 난 것이지요.

조선 하늘을 처음 날았던 비행기의 이름은 '비거'예요. 비거(飛車)는 바람을 타고 하늘을 나는 수레라는 뜻이에요. 가죽으로 만들어진 수레에는 한 번에 네 사람이 탈 수 있었어요. 모양은 꼭 수레 같았지요. 비거는 지금의 비행기처럼 동력으로 스스로 움직이는 것이 아니라 연처럼 바람에 의해 하늘을 나는 기구였어요. 150미터 정도 날 수 있었고, 돌개바람이 불면 떨어졌다고 해요.

정평구는 임진왜란이 일어나 진주성이 왜군에 포위되자 하늘을 나는 원리들을 연구했지요. 결국 비거를 만들어낸 정평구는 비거를 이용해 성 밖과 연락을 주고받았어요. 비거는 성 안의 사람들을 밖으로 구출시키는 데에도 한몫했지요. 비거는 싸움에도 사용되었어요. 정평구는 비거를 활용해서 왜군의 후방과 측면을 공격했지요. 물론 비거를 이용한 덕분에 진주성에서의 싸움은 승리했어요. 날아다니는 비거를 본 일본 사람들은 혀를 내둘렀지요.

Q 원리를 밝히는 직업에는 무엇이 있어요?
A 물리학자

물리학자는 자연현상에서 나타나는 기본 법칙들을 알아내는 연구를 해요. 예를 들어 온도는 무엇인지, 열은 무엇인지, 물질이 어떻게 운동하는지, 물질의 특성은 무엇인지 등의 답을 찾고 있지요. 이러한 자연현상들을 이해하기 위해서 여러 가지 생각과 실험을 해요. 이렇게 밝혀낸 재미있는 자연현상과 원리들은 산업이나 의료 등 다양한 분야에 활용되어요.

Q 물리학자가 발견한 원리에는 어떤 것이 있어요?

모든 물체는 크고 작은 힘으로 서로 당기고 있어요. 무거운 물체는 큰 힘으로, 가벼운 물체는 작은 힘으로 서로 당기고 있지요. 이 현상은 바로 만유인력이라는 자연적인 힘 때문이에요. 이런 중대한 자연법칙은 '뉴턴' 이라는 영국의 과학자가 발견했어요. 들판에 누워있는데 사과가 땅으로 떨어지는 것을 보고 호기심을 가졌고, 마침내 만유인력의 법칙을 발견했지요. 사람이 지구에 붙어서 걸을 수 있는 것도, 달이 지구 주위를 돌고 있는 것도 다 이 만유인력의 법칙 때문이지요. 뉴턴의 만유인력의 법칙 덕분에 현재 인공위성을 비롯한 많은 도구들을 만들어낼 수 있었답니다.

뉴턴(물리학자)

7 지도에 질문을 던진 김정호

1804 ● 출생(추정)

1820~1833 ● 〈동여도〉 17첩 제작

1834 ● 〈청구도〉 2책 편찬
〈지구전후도〉 판각

1834~1845 ● 《동여도지》 20책 편찬
서울지도인 목판본 〈수선전도〉 간행

1846~1849 ● 〈청구도〉 2책 3차 개정판 편찬
세계지도인 목판본 〈여지전도〉 제작

1850~1856 ● 《동여도지》 3책 편찬
최성환과 공동으로 《여도비지》 20책 편찬
〈대동여지도〉 14첩 편찬
〈대동여지도〉 18첩 편찬

1856~1859 ● 필사본 23첩 〈동여도〉 편찬

1861 ● 목판본 22첩 〈대동여지도〉 간행

1861~1866 (추정) ● 《대동지지》 15책의 편찬 시작과 일부 미완성
목판본 〈대동여지도〉 22첩 개정판 간행(1864)
목판본 〈대동여지전도〉 간행

? ● 사망

김정호 선생님의 질문

완벽하고, 보기 쉽고, 찾기 쉬운 지도는 어떤 지도일까?

지도에 질문을 던진 김정호 선생님을 통해 끊임없이 연구하는 '지리학자'로서의 직업정신을 배워요!

1 한성으로 가는 길

목련이 진 자리가 아쉬웠는지 진달래가 두메산골을 붉게 물들였습니다. 김정호는 걸음을 재촉했습니다. 빨리 걷고 있지만 두 눈으로는 사방을 보고, 한 걸음 한 걸음 걸음 수를 세며 걸었습니다.
'300걸음!'

300걸음을 걸으면 1리, 30리를 걸으면 1식이 됩니다. 김정호는 1식을 걸으면 잠시 쉬었다가 다시 걸음을 옮겼습니다.

'휴, 오늘은 3식을 걸었구나. 마침 저기 주막이 있으니 묵고 가야겠다.'

3식은 35킬로미터입니다. 하루 종일 걸었던 김정호는 주막에 짐을 내리고 종이를 펼쳐 오늘 걸었던 걸음 수를 표시했습니다. 꼬불꼬불한 그림이 그려진 종이를 보며 무언가를 확인하기도 했지요.

"이보오, 난 장돌뱅이 박두칠이라 하오. 자네 뭘 그리 보고 있소?"

나이가 지긋한 장돌뱅이가 말을 걸었습니다. 국밥이 다 식도록 종이만 뚫어져라 쳐다보고 있는 정호가 신기했던 모양입니다.

"김정호라 합니다. 한성 가는 길까지 지도를 그리고 있습니다."

"지도? 자네 도화서• 화원이요?"

"아닙니다. 저는 그저 지도가 좋아서 그리고 있습니다."

"허허, 화원이 아니어도 지도를 그리는구먼. 그나저나 싸고 좋은 지도가 있으면 우리 장돌뱅이들도 멀리까지 더 빨리 갈 수 있을 텐데. 짐을 지고 이곳저곳 다녀서 이제 길이 눈에 익을 만도 한데, 아직도 처음 가는 길을 만나면 헤매기 일쑤라오. 아이고, 그럼 잘 쉬다 가시오. 난 얼른 자고 일찍 일어나 떠나야 하니."

도화서 조선 시대에 그림에 관한 일을 맡아보던 관아예요.

장돌뱅이가 커다란 지게를 지고 방으로 들어갔습니다. 정호도 얼른 국밥을 들이키고 방으로 들어와 다시 지도를 펼쳤습니다.

'여긴 조금 잘못 되었네? 관아가 있다고 표시된 자리에 주막이 있으니 말이야. 그나저나 지도가 좀 싸지면 장돌뱅이같이 이곳저곳 다니는 사람들도 볼 수 있을 텐데 아쉽군.'

하루 종일 걸어 피곤할 만도 한데, 김정호는 밤늦게까지 호롱불을 밝히며 지도 위에 무언가 그려 넣었습니다.

다음 날, 일찍 나온 김정호는 마을 책방에 들렀습니다. 이 마을의 읍지를 보기 위해서였습니다. 읍지에는 마을의 연혁, 지리, 인물, 산업, 문화, 풍속 등이 자세하게 적혀 있기 때문에 마을을 한눈에 알 수 있었습니다. 김정호는 그중에서도 '지리' 부분이 가장 마음에 들었습니다.

책방에서 읍지를 찾은 김정호의 눈이 반짝하고 빛났습니다. 추레한 차림의 정호를 책방 주인이 노려보았지만 정호는 읍지에서 눈을 뗄 줄 몰랐습니다.

'이 읍지에는 열녀와 효자에 대해서도 나와 있네? 어? 이 읍지에도 주막이 있던 곳이 관아로 표기 되어 있잖아? 아직 지도 수정을 안 했나 보군.'

"흠흠….”

책방 주인이 헛기침을 하자 그제야 정호는 책을 내려놓았습니다. 조선 시대에 지도는 비쌌기 때문에 지도를 사는 건 쉬운 일이 아니었습니다.

김정호는 다시 빌길음을 한성 쪽으로 옮겼습니다. 조선의 수도인 한성에는 팔도의 읍지들이 다 모여 있고, 여태껏 보지 못했던 청나라와 서양의 지도들까지 있다는 이야기를 두화서 화원에게 들었기 때문입니다.

김정호는 어린 시절 황해도에 파견 나온 한 도화서 화원과 친해지며 지도에 관심을 갖게 되었습니다.

조정에서는 각 도의 지도를 만들기 위해 화원들을 지방으로 파견했습니다. 몇 년에 한 번 화원들이 황해도에 파견을 나오면 정호는 화원을 졸졸 따라다니며 지도 그리는 법을 배웠습니다.

화원이 높은 산에 올라 마을을 바라보며 지도를 그리면 정호는 따라서 바닥에 나뭇가지로 지도를 그리곤 했습니다. 정호는 걸음으로 거리 재는 법도 배우고, 동그란 모양의 인지의•로 땅의 각도를 재는 것도 보았습니다.

"땅을 재고 지도를 만드는 건 아주 중요한 일이란다. 나라에 전쟁이 나면 이 지도를 보고 군을 배치해서 우리나라를 지켜낼 수 있거든. 내가 만든 지도가 잘못 되어 있다면 우리 군은 엉뚱한 곳을 지키게 되겠지. 그러니 정확한 지도를 만드는 건 아주 중요한 일이야."

군사용 지도를 만들던 화원의 말이 정호의 머릿속에 빙빙 돌았습니다. 정호는 다시 들고 있던 지도를 보았습니다.

'이렇게 지도가 정확하지 않다면 나라가 위험해질 수도 있겠군.'

인지의 실제 거리와 높이를 정확히 재도록 해 주는 기특한 기기였습니다. 현재는 모양이 남아 있지 않습니다.

2 한성에서 만난 최한기

한성에 도착한 김정호는 변화한 도시에 깜짝 놀랐습니다. 시전에는 사람들이 바글바글했고, 세상의 모든 물건들이 한성에 모여든 것처럼 처음 보는 물건들이 좌판 가득 깔려 있었습니다.

조선 후기에는 상공업이 발달해서 양반이 아니어도 돈이 많은 부자들이 생겨났습니다. 돈이 많은 사람들이 늘어나자 자연스럽게 물건들이 많이 팔려나갔고, 시전에는 청나라와 일본에서 들여온 서양 물건들로 넘쳐 났지요. 시전이 점점 커지자, 양반들만의 물건이었던 책도 자연스럽게 거래할 수 있었습니다.

김정호는 시전 책방에서 지도들을 들춰보았습니다. 지금껏 봤던 읍지와는 비교가 되지 않을 만큼 잘 만들어진 지도들이었습니다. 지도뿐 아니라 전국 지리지들까지 수십 가지의 지도들이 얌전히 놓여 있었습니다.

'지도를 많이 안다 생각했던 건 내 착각이었군. 이렇게 많은 지도가 있었다니. 난 우물 안 개구리였네….'

정호는 반나절이 지나도록 값비싼 지도를 보고 또 보았습니다. 지도를 살피고 있는 김정호의 뒤에서 누군가 지도를 집어 들었습니다. 좋은 옷을 입고 있는 것을 보니 양반같이 보였습니다. 선비는 정호를 힐끗 보더니 엽전을 내고 지도를 품에 넣었습니다. 정호는 지도를 산 선비가 부러워 내내 눈길을 두었습니다.

"지도에 관심이 있소?"

값을 지불하고 나가려던 선비가 대뜸 물었습니다.

"네, 조선 최고의 지도를 만드는 게 제 꿈입니다."

선비는 정호와 비슷한 또래로 보였지만 신분의 차이가 있기 때문에 김정호는 선비에게 말을 높였습니다.

"허허, 그런 꿈을 꾸는 이가 있다니. 나는 최한기라 하네. 자네가 아까부터 지도를 하염없이 보고 있기에 말을 걸었네. 나와 차나 한잔 하며 이야기해 보지 않겠나? 자네가 조선 최고의 지도를 만든다면 난 기꺼이 자네를 지원할 생각이 있네."

정호는 어리둥절했습니다. 지금껏 자신만큼 지도에 관심이 있는 사람을 본 적이 없었기도 했고, 양반에게 초대를 받은 것도 처음이었기 때문입니다.

정호는 최한기를 따라 그의 집으로 갔습니다.

최한기의 집은 고래 등같이 으리으리했습니다. 최한기와 김정호는 해가 서산에 넘어가도록 이야기를 나누었습니다. 최한기는 당대 유명한 실학자였습니다. 실학자인 최한기는 실생활에 도움이 되는 실용적인 학문을 연구했습니다.

"나는 서양의 문물과 과학 기술을 받아들이고, 젊은이들에게 그것을 가르쳐 백성들이 잘 사는 나라를 만들고 싶네."

정호는 한기의 말에 고개를 끄덕였습니다. 양반들은 전부 자기만 잘 먹고 잘 살려고 하는 줄 알았는데, 한기는 달랐습니다.

"실용적인 학문에는 물론 지리학도 포함되어 있네. 좋은 지도는 백성들에게 도움이 될 뿐 아니라 나라에도 필요할 테지. 지금 만들어진 지도들 중에 뛰어난 지도도 많지만 계속해서 발전된 지도를 만들지 않으면 조선의 지도는 뒤처지고 말 걸세."

"저와 같은 생각을 하고 계시군요. 저도 정확한 조선의 지도를 만들고 싶습니다."

정호와 한기는 금세 말이 잘 통하는 벗이 되었습니다.

"우리 후대에 길이 남을 지도를 만들어 보세. 그리고 자네와 나는 동무가 되었으니, 나에게 말을 높이지 말게나."

"예? 당치도 않은 말씀이십니다."

"어허, 말을 높이면 자네와 함께 지도를 만들지 않겠네."

최한기가 껄껄 웃음을 터트렸습니다.

"그, 그래 알겠네."

둘은 신분도 나이도 자라 온 환경도 달랐지만 '지도'를 좋아하는 것 때문에 금세 평생지기가 되었습니다. 지도 만드는 기술을 어떻게 배우면 좋을지 고민하던 김정호는 최한기를 만남으로 고민을 해결하게 되었습니다.

그 뒤로 김정호는 최한기의 집에 자주 드나들며 지도를 만들기 위한 기술들을 배웠습니다. 지도를 연구하고, 만들기 위해서는 수학, 천문학, 지리학, 기하학˚ 등 많은 공부가 필요했습니다. 다행히 최한기는 이런 학문에 능통한 학자였습니다.

최한기는 김정호에게 구하기 어려운 지도들도 보여 주었습니다.

그중 정상기가 만든 〈동국지도〉는 김정호를 깜짝 놀라게 했습니다. 조선 팔도를 높은 하늘에서 보듯 정확하게 줄여 종이 위에 그려 놓았기 때문입니다. 두 사람은 2.5미터나 되는 〈동국지도〉를 방 안에 펼쳐 놓고, 어떤 방식으로 만들어졌는지 연구했습니다.

〈동국지도〉는 정상기가 전국 고을 지리지 25권, 고을 지도책 6권, 정리표 1권을 모아 비교 연구하고, 필요한 것을 뽑아 만든 지도입니다. 지도에는 10리마다 눈금을 그린 백리척을 표시해 주었습니다. 구불구불하거나 산이 많아 울퉁불퉁한 지형은 120~130리를 백리로 표시했습니다. 특히 〈동국지도〉는 지도의 방위˚와 거리, 축척˚ 등이 정확하게 그려져

> **기하학** 도형과 공간에 대한 학문을 말해요.
> **방위** 방위는 지도를 보는 방향을 가리키는 말이에요. 일반적으로 지도는 위쪽이 북쪽이 되도록 그려요. 방위 표시가 따로 없을 때에는 위쪽이 북쪽, 아래쪽이 남쪽, 왼쪽이 서쪽, 오른쪽이 동쪽이라고 보면 돼요.
> **축척** 지도를 만들려면 실제 땅의 크기를 아주 작게 줄여서 종이에 그려야 해요. 축척은 지도를 그릴 때 실제의 거리를 얼마만큼 줄였는지를 나타내는 것이에요. 5만분의 1 지도라는 것은 실제의 길이를 5만분의 1로 줄여서 지도에 표시했다는 뜻이에요. 축척이 큰 지도일수록 좁은 지역을 자세하게 나타낸 것이에요.

있었습니다.

그 후에 〈동국지도〉를 바탕으로 만들어진 장항령이 만든 〈동국대지도〉, 신경준이 만든 〈해동여지도〉 등 지도는 점점 더 정교해졌습니다.

"이보게 한기, 지도가 점점 더 똑똑해지고 있구먼. 이 성과들을 집대성할 지도를 만들어 보세!"

지금껏 김정호가 수학을 공부하고, 지도를 모은 건 더 나은 지도를 만들기 위해서였습니다. 조선 최고의 지도라 불렸던 〈해동여지도〉를 뛰어넘는 지도를 그리기 위해 김정호의 손이 바빠지기 시작했습니다.

동국대지도

3 어떻게 하면 사람들이 편리하게 지도를 볼 수 있을까?

'〈해동여지도〉는 누가 뭐라고 해도 아주 잘 만들어진 지도야. 하지만 지도가 책으로 나누어져 있으니, 고을과 고을을 연결해 보기가 어려워.'

김정호는 잘 만들어진 〈해동여지도〉를 보고 고민을 했습니다.

'어떻게 하면 사람들이 편리하게 지도를 볼 수 있을까?'

정호는 전에 주막에서 만났던 장돌뱅이가 생각났습니다. 이 고을 저 고을을 다니며 물건을 파는 사람에게 〈해동여지도〉를 주면 한번에 보기 힘들 것 같았습니다. 더군다나 같은 크기의 종이에 각 지역을 넣다 보니, 큰 고을은 실제보다 작아지고 작은 고을은 실제보다 커졌습니다.

'그래! 전국을 연결해서 그려 보자!'

김정호는 20리 간격으로 눈금선이 그려져 있는 종이 위에 얇은 종이를 놓고 〈해동여지도〉 속의 모든 고을을 옮겨 그렸습니다. 그렇게 하니 동일한 비율로 줄여진 330여 개의 고을 지도가 완성되었습니다. 이렇게 그려진 고을 지도를 모두 합치자 가로 462센티미터, 세로 870센티미터의 어마한 크기가 되었습니다. 약 1:216,000 축척의 지도가 만들어진 것입니다.

여기에 각 고을의 인구, 토지, 곡물 수확량, 한성까지의 거리, 특산물 등 다양한 정보를 적어 넣었습니다. 봉수는 불이 붙어 있는 것처럼 삼각형으로 그려 넣었고, 성곽, 창고, 다리, 시장, 사찰까지 그려 넣었습니다. 높은 산은 크게 그렸고, 낮은 산은 작게 그려 넣었습니다. 자세하게 그려진 지도는 복잡해 보이긴 해도 지도를 찾은 사람들이 자신의 목적에 맞게 지도를 쓸 수 있어 편리할 것 같았습니다.

김정호는 지도의 아름다움도 생각해 산맥은 녹색으로 칠하고 하천은 파란색으로 칠해 넣었습니다.

"이보게, 정호 있는가?"

한참 지도를 그리고 있을 때 최한기가 김정호의 집에 찾아왔습니다. 김정호는 반갑게 문을 열고, 지도를 보여 주었습니다.

"대단하군. 이 지도의 발문*을 내가 써도 되겠는가? 그런데 이렇게 큰 지도를 좀 더 편하게 볼 수 있는 법을 생각해 보면 어떤가?"

김정호의 지도를 살펴본 최한기는 반가워하며 지도 앞에 들어가는 발문을 쓰겠다고 나섰습니다. 김정호는 반가웠지만 최한기의 말에 또 다른 고민에 빠졌습니다.

> **발문** 책의 끝에 본문 내용의 대강이나 책을 내게 된 이유를 적은 글을 말해요. 발문은 작가가 직접 쓰기도 하고, 친분이 있는 사람이 써 주기도 했어요.

'한기의 말이 맞아. 지도를 좀 더 편하게 볼 수 있는 법이 뭘까?'

지도의 편집을 놓고 고민한 김정호는 지도를 병풍처럼 만들어 보았습니다. 아코디언처럼 지도를 쭉 펼쳐 보는 병풍식의 지도는 동서남북으로 전부 펼치면 한 장에 지도를 볼 수 있어 좋았습니다. 하지만 접히는 부분이 자꾸 닳고 찢어지기 쉬워서 금세 볼 수 없게 되어 버렸습니다.

책으로 만든 지도는 동서로 길게 펼쳐서 볼 수 없기 때문에 이어볼 수 없어서 아쉬웠지만 들고 다니며 원하는 부분만 볼 수 있어 편리했습니다.

'그래, 책 형식으로 만들자. 하지만 책으로 만들면 원하는 곳을 찾아보기 힘들 테니 맨 앞 쪽에 지명을 적고 몇 층에 있는지 표시를 해 주자.'

책으로 만들어진 지도는 2권인데다 남북 28층, 동서 22층으로 나눈 지도였기 때문에 필요한 지도를 찾기는 쉽지 않았습니다. 김정호는 지도를 볼 사람들을 생각해서 지금의 책 목차처럼 쉽게 필요한 곳을 찾아갈 수 있게 표시해 주었습니다.

'완벽하고, 보기 쉽고 찾기 쉬운 지도는 어떤 지도일까?'라는 질문이 지도를 한 단계 더 발전시킨 것입니다.

김정호는 지도의 이름과 발문을 최한기에게 부탁했습니다. 최한기는 지도의 이름을 〈청구도〉라 짓고 지도를 어떻게 만들었는지, 어떻게 이용하면 좋은지에 대해 써 주었습니다.

김정호는 지도를 만든 것에 만족하지 않고, 청구도의 부족한 점을 계속 찾아냈습니다.

"청구도에 불만을 이야기한 사람은 없소?"

틈만 나면 지도 파는 곳에 찾아가 묻기도 했습니다. 그리고 좀 더 보기 편한 지도를 만들기 위해 스스로에게 질문을 던졌습니다.

'청구도를 좀 더 보기 쉽게 만들려면 어떻게 해야 할까?'

김정호는 지도의 불편한 점이 발견되면 바로 수정해서 개정판을 냈습니다.

지도를 이어 볼 수 없어 아쉬워했던 김정호는 개정판 1권에 홀수 층을 2권에 짝수 층을 실어 두 권을 붙여 놓으면 지도를 이어 볼 수 있게 바꾸었습니다.

김정호의 손에서 지도는 계속 발전하고 변화했습니다.

4 어떻게 하면 많은 사람들이 지도를 볼 수 있을까?

〈청구도〉를 계속 수정하면서도 김정호는 더 좋은 지도를 만들기 위한 질문들을 멈추지 않았습니다.

'많은 사람들에게 필요하도록 지도를 만들었는데, 정작 가난한 백성들은 지도를 사서 보지 못하는구나. 사람들이 쉽게 지도를 구해서 볼 수 있는 방법은 없을까?'

당시에 지도는 비싼 값에 팔렸습니다. 지도를 보고 다시 베껴 그린 지도는 조금 싸게 팔렸지만 내용이 바뀌기 일쑤였습니다. 정확한 지도는 돈이 많은 사람들의 가보처럼 여겨졌지요.

고민을 계속하고 있는 김정호에게 최한기가 찾아왔습니다. 최한기 옆에는 듬직해 보이는 사내가 서 있었습니다.

"인사드리게. 신 판서 대감이시네."

최한기와 함께 온 사람은 당시 형조판서를 맡고 있었던 신헌 대감이었습니다.

"안녕하십니까. 이 누추한 곳까지 어인 일이십니까."

김정호가 고개를 꾸벅 숙이며 인사했습니다.

"난 군사용 지도 만들 사람을 찾고 있네. 지도만 보고도 한눈에 작전을 짤 수 있을 만큼 정확하고 정교한 지도가 필요하단 말이야. 자네가 만든 지도를 보고 최한기에게 자네를 만나게 해 달라 했다네."

"네, 하지만 그런 정교한 지도를 그리려면 정확한 군사 정보가 필요합니다. 그런 귀한 자료를 제가 봐도 되겠습니까?"

"자료라면 얼마든지 제공하겠네."

신헌 대감은 지금껏 김정호가 그렸던 지도를 뛰어넘는 아주 정교한 지도를 부탁하고는 돌아갔습니다.

약속한 대로 신헌 대감은 김정호에게 군사 자료와 지도들을 보내 주었습니다. 김정호는 자료들을 먼저 연구했습니다. 비변사•와 규장각•에서 가져온 자료들은 각 마을과 지역에 대한 정보가 빼곡하게 적혀 있었습니

비변사 조선 시대에, 군국의 사무를 맡아보던 관아예요. 임진왜란 이후에는 정치의 중심 기관이 되었어요.
규장각 조선 정조 즉위년(1776)에 설치한 왕실 도서관이에요.

다. 지금껏 보지 못했던 정확한 자료들이었습니다. 연구를 마치고 김정호는 지도를 그리기 시작했습니다. 지도를 그리려던 김정호는 처음 했던 고민들이 다시 떠올랐습니다.

'이 지도가 완성된다면 지금껏 만들어진 지도 중 가장 정확한 지도일 텐데. 이것 또한 벼슬아치나 돈 많은 사람들 손에만 들어간다면 무슨 소용일까. 좀 더 많은 사람들이 보려면 좀 더 싼 값에 팔려야 할 테고, 싸게 팔려면 지도를 그리는 시간과 노동력이 줄어야 할 텐데.'

불현듯 정호의 머릿속에 좋은 생각이 떠올랐습니다.

'그래! 이 지도를 신헌 대감에게 넘기고 나서, 목판본을 만드는 거야. 나무에 지도를 새기면 그걸 여러 번 찍을 수 있을 테고, 그럼 지도의 값이 싸지겠지. 사람들도 마음대로 내 지도를 고칠 수도 없고 말이야!'

김정호는 지도를 나무에 새기기로 다짐했습니다.

"대감! 지도가 완성되었습니다."

김정호는 군사용 지도를 신헌에게 내밀었습니다. 지도를 받아 본 신헌은 감동했습니다.

"나는 이토록 정확한 지도를 본 적이 없네. 이 지도로 우리나라를 잘 지키겠네."

신헌은 기뻐하며 지도에 〈대동방여도〉라는 이름도 붙여 주었습니다.

신헌에게 지도를 넘겨준 김정호는 다시 지도를 수정했습니다. 이번에 만들 지도는 일반 백성들이 볼 지도였기 때문에 군사용으로 필요했던 부분은 과감하게 삭제했습니다. 또 지도 안에 넣을 정보들을 기호로 만들었습니다. 기호로 넣으면 보기에도 편했지만, 목판본으로 만들 때 글자가 많이 들어가지 않아 조각하기가 편했습니다. 지도 속에 들어가는 기호는 지도 맨 앞에 어떤 표시인지 알려 주는 지도표로 만들었습니다.

지도에는 지도 위에 그려진 간격이 실제로는 얼마인지 알려 주기 위해 눈금표도 넣었습니다. 지도를 보고 얼마나 왔는지, 얼마나 더 가야하는지 쉽게 알 수 있도록 10리마다 작은 눈금을 찍었습니다. 목판으로 새길 준비를 마친 김정호는 먼저 한지 위에 지도를 그리고, 한지를 뒤집어 목판에 붙였습니다.

'자, 이제 나무에 새겨 넣어 볼까?'

김정호는 얇은 한지 위로 비치는 선을 보고, 선과 모양이 없는 부분을 전부 파냈습니다.

종이에 지도를 그릴 때보다 시간과 노력이 배로 들어갔습니다. 우리나라 지도 전체를 나무에 파내느라 손에서 상처가 가시는 날도 없었지요.

'내가 노력한 만큼 다른 사람들은 싸고 좋은 지도를 볼 수 있겠지.'

다시 숨을 가다듬은 김정호는 정교하게 나무를 파내었습니다.

대동여지도 목판

5 끊임없는 수정에 또 수정

　드디어 지도가 나무에 전부 새겨졌습니다. 김정호는 목판을 앞뒤 63판에 새겼습니다. 작은 마을 하나하나 새기는 건 쉬운 일이 아니었습니다. 하지만 지도는 보기 좋아야 한다고 생각했기 때문에 깔끔하고 아름답게 작은 마을까지 새겨 넣었습니다.
　"하아, 드디어 지도가 만들어졌군."
　드디어 한숨을 쉰 김정호는 이 목판본 지도에 〈대동여지도〉라는 이름을 붙였습니다.
　〈대동여지도〉는 전국을 22층으로 나누어 22권의 책으로 만들어졌습니다. 한 권을 펼치면 한 층이 나오는 병풍식이었습니다. 22권의 책을 전부 펼치면 조선전도가 한 눈에 들어올 수 있게 했지요. 전부 펼친 〈대동여지도〉는 가로 3.9미터 세로 6.7미터에 달했습니다.

하지만 책으로 접어 넣으면 크기는 가로 20센티미터 세로 30센티미터로 들고 다니기에도 편리했습니다.

〈대동여지도〉는 동서 80리, 남북 120리를 한 면에 넣어 총 227면으로 만들어졌습니다.

지도의 범례에는 눈금을 그려 '한 칸은 10리' '한 면은 세로 120리, 가로 80리', 한 칸에 사선을 그어 '14리'라고 축척도 표시했습니다. 지도에서의 거리가 실제로는 얼마나 되는지를 알려주기 위해서였습니다.

〈대동여지도〉가 세상에 나오자, 조선은 떠들썩했습니다. 지금껏 지도가 꼭 필요했지만 구하지 못했던 사람들은 싼 값에 지도를 구할 수 있게 되었고, 양반들은 조선의 지도 만드는 수준이 이만큼이나 발전했다며 감탄을 금치 못했습니다.

추켜세우는 여러 말들을 듣지 못한 듯 김정호는 여전히 방에 박혀 있었습니다. 김정호는 처음과 같은 고민을 또 했습니다.

'좀 더 편리한 지도를 만들고 싶은데….'

김정호는 〈대동여지도〉도 여러 번 손보았습니다. 부족한 부분을 채워 넣고 불필요한 부분을 빼는 작업은 평생 계속 되었습니다. 김정호는 마지막까지 지도와 지리지를 다듬었습니다.

'완벽하고, 보기 쉽고, 찾기 쉬운 지도는 어떤 지도일까?'

고민하고 지도를 다듬으며 김정호는 눈을 감았습니다.

당시에 지도를 보았던 사람들과 지금 박물관에 있는 〈대동여지도〉를 보는 사람들이 하나같이 감동을 받는 이유는 김정호의 진실한 열정과 장인정신 때문일 것입니다.

질문 있어요!

Q 조선 시대 지리학자는 또 누가 있어요?

A 김정호가 감탄했던 사람, 정상기

정상기는 〈동국지도〉를 만든 지리학자예요. 김정호는 정상기 이후에 나타난 지리학자로, 정상기의 영향을 많이 받았어요. 영조는 〈동국지도〉를 보고 크게 기뻐했다고 해요. 당시의 여러 실학자들도 찬사를 아끼지 않았지요.

정상기는 우리나라 최초로 축척이 표시된 지도를 만들었어요. 이것을 '백리척'이라고 해요. 백리척은 막대기 모양으로 그려서 표시했어요.

100리를 1자로, 10리를 1치로 표시하고, 산지나 계곡 등 굴곡이 있는 지형에서는 1자를 120리 또는 130리로 표시했지요. 백리척 덕분에 지도에서의 거리가 실제로는 얼마인지 쉽게 알 수 있었어요.

또한 각 도별로는 다른 색을 칠해서 쉽게 구분해 볼 수 있도록 만들었어요. 산과 하천, 도로, 경계, 봉화, 역 등도 색을 달리하여 한눈에 알아 볼 수 있었지요. 정상기의 지도를 발전시킨 지도로는 장항령이 만든 〈동국대지도〉, 신경준이 만든 〈해동여지도〉 등이 있어요. 김정호도 신경준의 〈해동여지도〉를 바탕으로 지도를 만들었지요.

Q 땅에 질문을 던지는 직업에는 무엇이 있어요?

A 과거-풍수지리가

옛날 우리나라 사람들은 땅에 여러 기운이 있다고 생각했어요. 그래서 궁궐을 지을 때, 묘를 만들 때도 지형을 관찰했지요. 좋은 자리에 지어야 좋은 기운을 받을 수 있다고 생각한 것이에요.

풍수지리는 삼국시대에 들어왔고 주로 승려들이 많이 공부했어요. 절의 터를 잡을 때도 풍수지리에 의해서 세웠지요. 풍수지리에 밝은 양반들도 많았어요. 자기 집이나 조상의 묘를 놓으려면 풍수지리를 알아야 했기 때문이에요.

고려 시대에 묘청이라는 승려는 풍수지리에 근거해서 고려의 수도를 서경으로 옮겨야 한다고 주장했어요. 조선 시대에 한성을 수도로 정한 것도 풍수지리를 따른 것이에요.

A 현재-지진학자

지진은 대부분 지구 내부의 힘에 의해서 발생해요. 지구 내부의 에너지에 의해서 지각이 힘을 받게 되고, 지각이 힘을 받아 지층이 끊어지거나, 움직이면서 발생하는 것이죠.

우리나라 기록으로 보면 고구려 시대에도 지진이 일어났다고 나와 있어요. 지금 우리나라에도 1년에 10번씩은 지신이 일어나지요. 지진의 피해를 줄이기 위해 지진이 언제, 어디서, 어떻게 일어날지 연구하는 사람이 바로 지진학자예요.

지진이 발생할 때에는 지진파가 생기는데, 지진학자들은 이 지진파를 분석해서 지진파의 성질을 연구해요. 또한 지구의 내부를 연구해서 지진을 예측하려고 노력하고 있어요. 지진학이 발전하면 지진으로 입는 피해를 줄일 수 있을 거예요.

사진 출처

국립중앙박물관 화성성역의궤 32, 동국대지도 184, 대동여지도 목판 193
문화재청 태종 능 앞에 세워진 석물들 31, 수원 화성 동북노대 32, 해동여지도 184
국립민속박물관 동의보감 115, 산가지 140
국립고궁박물관 왕세자두후강복축하도 116